Bibliografische Information der Deutschen Nationalbibliothek:

Die Deutsche Bibliothek verzeichnet diese Publikation in der Deutschen National-
bibliografie; detaillierte bibliografische Daten sind im Internet über http://dnb.d-
nb.de/ abrufbar.

Impressum:

Copyright © 2001 GRIN Verlag, Open Publishing GmbH
Druck und Bindung: Books on Demand GmbH, Norderstedt Germany
ISBN: 9783640471706

Dieses Buch bei GRIN:

http://www.grin.com/de/e-book/138556/der-ausschuss-der-regionen-stand-2001

Thomas Stuhlfauth

Der Ausschuss der Regionen (Stand: 2001)

GRIN Verlag

GRIN - Your knowledge has value

Der GRIN Verlag publiziert seit 1998 wissenschaftliche Arbeiten von Studenten, Hochschullehrern und anderen Akademikern als eBook und gedrucktes Buch. Die Verlagswebsite www.grin.com ist die ideale Plattform zur Veröffentlichung von Hausarbeiten, Abschlussarbeiten, wissenschaftlichen Aufsätzen, Dissertationen und Fachbüchern.

Besuchen Sie uns im Internet:

http://www.grin.com/

http://www.facebook.com/grincom

http://www.twitter.com/grin_com

Der Ausschuss der Regionen (Stand: 2001)

Inhaltsübersicht

I. Einleitung

Der erstmals im März 1994 zusammengetretene Ausschuss der Regionen (AdR), dessen offizielle Bezeichnung „Beratender Ausschuss der regionalen und lokalen Gebietskörperschaften" lautet,[1] soll die subnationalen Körperschaften institutionell in die Europäische Gemeinschaft (EG) einbinden. Damit wird der zunehmenden Kompetenzverlagerung auf die EG, die innerstaatlich auch zu Lasten der Regionen geht, Rechnung getragen. Tragender Gedanke ist, dass sich die Regionen nicht gegen eine Ausweitung der EG-Kompetenzen wehren, sondern selbst auf der EG-Ebene an der Ausübung der erweiterten EG-Kompetenzen beteiligt werden sollen. Es wird damit ein Konzept des sogenannten Beteiligungsföderalismus verfolgt, nachdem die wachsende Bedeutung der EG nicht mehr aufzuhalten ist und sich ein Konzept der Besitzstandswahrung der Regionen (Kompetenzföderalismus) als nicht mehr wirksam erweist.[2]

In der vorliegenden Arbeit soll zum einen die bisherige Entwicklung des AdR und seiner Einflussmöglichkeiten wiedergegeben, zum anderen eine mögliche Perspektive gewiesen werden. Dabei soll im Blickfeld behalten werden, was man sich vom AdR versprach, inwieweit die darin gesetzten Hoffnungen erfüllt wurden und ob eine Fortentwicklung dieses Instruments des Beteiligungsföderalismus erwartet werden kann.

Im folgenden Abschnitt (II.) wird die Vorgeschichte des AdR geschildert, deren Kenntnis zum Verständnis der weiteren Entwicklung unerlässlich ist. Darauf folgt eine Darstellung des AdR, wie er im Vertrag von Maastricht verankert ist (III.). In dem Abschnitt über den AdR nach Maastricht wird auch die Weiterentwicklung bis zur Vertragsrevision von Amsterdam behandelt. Der darauf folgende Abschnitt (IV.) beschreibt den AdR nach der Vertragsrevision von Amsterdam. In einem weiteren Abschnitt (V.) wird die Zukunft des AdR - auch unter Berücksichtigung der Vertragsrevision von Nizza im Dezember 2000 - ins Auge gefasst, bevor ein Fazit der Arbeit gezogen und eine Zusammenfassung gegeben wird (VI.).

---

[1] Hasselbach S. 71 (Fn. 278), Schwarze-Wiedmann Art. 263 Rn. 40.
[2] Hasselbach S. 69 ff., Tauras S. 71.

II. Vorgeschichte des AdR

1. Internationale Kooperationen der Regionen außerhalb der EG-Institutionen

Bemühungen der Regionen, international zu kooperieren und sich dadurch Einfluss zu erhalten oder zusätzlich zu verschaffen, gibt es nicht erst seit der Einbindung der Regionen in die EG. Es bildeten sich Organisationen heraus, die bei der Schaffung des AdR Vorarbeiten leisten und Einfluss nehmen konnten. In dieser Hinsicht sind insbesondere zwei Organisationen von Belang, nämlich der „Rat der Gemeinden und Regionen Europas" (RGRE) und die „Versammlung der Regionen Europas" (VRE). RGRE und VRE können als „Paten" des AdR bezeichnet werden.[3]

Bereits 1951 wurde der RGRE (damals noch lediglich „Rat der Gemeinden" genannt) von deutschen und französischen Bürgermeistern in Genf gegründet.[4] Dieser vertritt heute über 100.000 Gebietskörperschaften und hat 38 Mitgliedsverbände (keine Einzelmitglieder) aus 29 Staaten.[5] Sein Generalsekretariat befindet sich in Paris, ein Büro in Brüssel. Ziel des RGRE war von Anfang an die Arbeit für ein vereintes Europa, zunächst vornehmlich auf der Basis von Städtepartnerschaften. Außerdem setzt sich der RGRE für eine Stärkung der lokalen Selbstverwaltung ein. Seit dem Zusammenschluss des RGRE mit dem Internationalen Gemeindeverband (IULA) fungiert der RGRE als europäische Sektion des IULA.

Die VRE geht auf die 1971 gegründete „Arbeitsgemeinschaft Europäischer Grenzregionen" zurück, die im Jahre 1981 zusammen mit der „Konferenz der peripheren Küstenregionen" und dem „Komitee zur Kooperation zwischen den Alpenregionen" das „Verbindungsbüro der europäischen regionalen Gebietskörperschaften" gründete.[6] Aus dem Verbindungsbüro ging 1985 der „Rat der Regionen Europas" hervor, der sich 1987 in VRE umbenannte. Die VRE repräsentiert mehr als 250 europäische Regionen in 22 Staaten, aber keine kommunalen

---

[3] Schöbel S. 7.
[4] Dieckmann DÖV 2000, S. 457 (459), Schöbel S.7, Theissen S. 91.
[5] Dieckmann DÖV 2000, S. 457 (459), Theissen S. 92.
[6] Theissen S. 88.

beziehungsweise lokalen Gebietskörperschaften.[7] Gleichwohl weisen seine Mitglieder wegen der nationalen Unterschiede, auf die später noch einzugehen ist, eine sehr heterogene Struktur auf.

Ungeachtet der nationalen Unterschiede gab es also bereits seit längerer Zeit Promotoren für eine Stärkung der Regionen auf internationaler Ebene. In den sechziger und siebziger Jahren traten zudem Bewegungen auf, die sich unter den Schlagworten „Regionalisierung" und „Europa der Regionen" durch eine Stärkung subnationaler Einheiten größere Bürgernähe und demokratischere Entscheidungsstrukturen versprachen. In Brüssel unterhalten zahlreiche Gebietskörperschaften Regionalbüros, um den Kontakt mit den europäischen Institutionen zu verstärken.[8]

2. Entwicklung regionaler Repräsentation in der EG bis zur Gründung des Beirats regionaler und lokaler Gebietskörperschaften im Jahre 1988

Die EG wurde in den Jahren 1957/58 als Europäische Wirtschaftsgemeinschaft (EWG) gegründet und war ursprünglich von dem Gedanken beseelt, auch ohne eine eigene Regionalpolitik werde es zu einer allgemeinen Hebung des Wirtschaftsniveaus und zu einer Angleichung der Lebensverhältnisse kommen, wenn die Zollunion verwirklicht werde.[9] Schon Anfang der sechziger Jahre nahm man allerdings zur Kenntnis, dass ohne eine aktive Strukturpolitik die zurückgebliebenen Regionen der EWG sich nicht wie erhofft entfalten würden. Strukturschwache Regionen wurden nunmehr auch aktiv unterstützt. Einen Schub erhielt die regionale Strukturpolitik der EG 1973 durch den Beitritt Großbritanniens und Irlands, da insbesondere Irland teilweise unterentwickelt war.[10] Im März 1975 wurde der (schon 1972 in Paris beschlossene) „Europäische Fonds für regionale Entwicklung" (EFRE) auf der Grundlage von Art. 235 EWG-Vertrag eingerichtet. Seit 1976 arbeitete die Kommission mit dem informellen „Beratenden Ausschuss der Lokalen und

---

[7] Schöbel S. 8, Theissen S. 88.
[8] Benz VerwArch 1993, S. 328 (341), Dästner NWVBl. 1994, S. 1 (6), Hasselbach S. 70, Regionalbüros der Länder sind seit 1993 gesetzlich anerkannt in § 8 EUBLZG, BGBl. 1993 I S. 313.
[9] Hasselbach S. 71 f.
[10] Hasselbach S. 73.

Regionalen Gebietskörperschaften bei den Europäischen Gemeinschaften" zusammen.

Eine neue Phase der EG-Regionalpolitik wurde schließlich Mitte der achtziger Jahre erreicht, als die „Gemeinsame Erklärung" des Rates, der Kommission und des Europäischen Parlaments (EP) zur Reform des EFRE abgegeben wurde. Es wurde das „Prinzip der Partnerschaft" zwischen der Gemeinschaft und den Regionen entwickelt. Hintergrund dafür war die Einsicht, dass Strukturprojekte nur wirkungsvoll umgesetzt werden können, wenn diese vor Ort Akzeptanz finden und lokaler Sachverstand nutzbar gemacht werden kann. Im Jahre 1986 wurden im Rahmen der Einheitlichen Europäischen Akte (EEA) die regionalpolitischen Kompetenznormen in den damaligen Art. 130a ff. EGV zusammengeführt. 1988 wurden die Strukturfonds der EG grundlegend reformiert. Das Prinzip der Partnerschaft wurde als „enge Konzertierung zwischen der Kommission, dem betreffenden Mitgliedstaat und von ihm bezeichneten, auf nationaler, regionaler, lokaler oder sonstiger Ebene zuständigen Behörden" bei der Erstellung von Plänen für Fördermaßnahmen in einer Verordnung verankert.[11] Zum 1. August 1988 wurde schließlich der „Beirat der regionalen und lokalen Gebietskörperschaften bei der Kommission" (Beirat) eingerichtet, um die „dritte Ebene" unterhalb Gemeinschaft und Mitgliedstaaten in das Institutionengefüge der EG einzubinden. Der Beirat kann damit als „Vorläufer" des AdR bezeichnet werden (der Beirat wurde nach Etablierung des AdR Anfang 1994 auch aufgelöst), wenn sich der AdR auch nicht wirklich aus dem Beirat heraus entwickelte. Der Beirat war als bloßes Beratungsgremium ohne Initiativrecht konzipiert und hing in Existenz und Bedeutung gänzlich von der Kommission ab.[12] Er bestand zur Hälfte aus Vertretern der Regionen und zur Hälfte aus Vertretern der Kommunen. Die Mitglieder wurden von der Kommission auf Vorschlag der VRE, des RGRE und des IULA für eine Amtszeit von drei Jahren ernannt.[13] Wegen der geringen Größe des Beirats (42 Mitglieder und 42 Stellvertreter) waren nicht alle Regionen repräsentiert. Die heterogene Zusammensetzung galt wegen der immanenten

---

[11] Art. 4 Abs. 1 Satz 2 VO (EWG) Nr. 2052/88.
[12] Benz VerwArch 1993, S. 328 (334), Grabitz/Hilf-Blanke vor Art. 198 a-c Rn. 10, Wuermeling EuR 1993, S. 196 (197).
[13] Benz VerwArch 1993, S. 328 (334), Theissen S. 70.

Interessengegensätze schon damals als hemmend für die Wirksamkeit des Gremiums.[14]

3. Genese des AdR in der Zeit nach Etablierung des Beirats

Einen maßgeblichen Anstoß für eine Fortentwicklung der Rolle der Regionen in der EG gab am 18.11.1988 das Europäische Parlament (EP) mit seiner Entschließung zur Regionalpolitik und zur Rolle der Regionen. Inhalt der Entschließung war die Forderung, den Regionen innerhalb der EG-Ebene durch eine demokratische Vertretung mehr Gewicht zu verleihen.[15] Diese Entschließung wurde von den deutschen Bundesländern aufgegriffen, die fortan der Motor der Stärkung der Regionen in der EG waren.

Ursache für das Selbstbewusstsein und die Tatkraft der Länder war die Tatsache, dass in keinem anderen Mitgliedstaat der EG die Regionen eine so starke Stellung haben wie in der Bundesrepublik. Dem deutschen Bundesstaat mit seinen 16 Ländern vergleichbar sind nur Österreich (erst 1995 beigetreten) mit seinen neun Bundesländern[16] und Belgien mit seinen drei Regionen sowie drei (Kultur-) Gemeinschaften.[17] Teilweise föderalisiert sind auch Spanien mit seinen 17 Autonomen Gemeinschaften (Comunidades Autonomas)[18] sowie Italien mit seinen 20 Regionen (regioni).[19] Frankreich (26 Regionen)[20] und Portugal (18 distritos sowie die Autonomen Regionen Azoren und Madeira)[21] können als regionalisierte Einheitsstaaten charakterisiert werden. Die Niederlande sowie die skandinavischen Staaten Schweden, Finnland und Dänemark sind in geringem Umfang dezentralisiert.[22] Demgegenüber sind Großbritannien, Irland, Griechenland und Luxemburg unitarische Einheitsstaaten und gestehen ihren Untergliederungen nur sehr geringe Befugnisse zu.[23] Bei der Größe Luxemburgs ergibt sich das Fehlen einer Föderalisierung aus der Natur der Sache.

---

[14] Benz VerwArch 1993, S. 328 (334), Mietzsch APuZ 25-26/1998, S. 34 (35) und DStT 1998, S. 290.
[15] Hasselbach S. 80 f.
[16] Hasselbach S. 16 ff., Theissen S. 52.
[17] Hasselbach S. 19 ff., Tauras S. 125 f., Theissen S. 43 f.
[18] Hasselbach S. 26 ff., Theissen S. 53 ff.
[19] Hasselbach S. 31 ff., Theissen S. 49 ff.
[20] Hasselbach S. 36 ff., Theissen S. 47 f.
[21] Hasselbach S. 41 ff., Theissen S. 52 f.
[22] Hasselbach S. 44 ff., Theissen S. 45 ff.
[23] Hasselbach S. 55 ff., Tauras S. 131 ff., Theissen S. 48 ff.

Am 18. Oktober 1989 fand in München auf Veranlassung des damaligen Ministerpräsidenten Max Streibl erstmals die Konferenz „Europa der Regionen" statt, die Ausdruck des Machtanspruchs (vor allem) der deutschen Länder war. Auf einer Sitzung vom 25.-27. Oktober 1989 setzte die Ministerpräsidenten-konferenz (MPK) eine Arbeitsgruppe zum Thema „Europa der Regionen" ein. Diese Sitzung wird vom nordrhein-westfälischen Ministerpräsidenten Wolfgang Clement als „der tatsächliche Ursprung des heutigen AdR" angesehen.[24] Am 16. Februar 1990 forderte auch der Bundesrat in einem Beschluss eine neue Art der Regionalbeteiligung auf EG-Ebene.

Am 22. Mai 1990 legte die Arbeitsgruppe „Europa der Regionen" der MPK ihren Bericht vor. Dieser Bericht beinhaltete zwei unterschiedliche Modelle für eine künftige Regionalbeteiligung in der EG. Beiden Modellen gemeinsam war die Einrichtung eines neuen Regionalorgans. Das erste Modell schlug einen sogenannten „Regionalrat" vor, der Stellungnahmerechte haben und vor dem Europäischen Gerichtshof (EuGH) klagebefugt sein sollte. Das zweite Modell, das auf eine längerfristige Umsetzung zielte, führte stattdessen eine sogenannte „Regionalkammer" ein, die auch echte Mitentscheidungsrechte auf EG-Ebene erhalten sollte. Im weiteren politischen Prozess zeigte sich, dass es unrealistisch war, das weitergehende Modell auf absehbare Zeit umzusetzen. Das Modell eines Regionalorgans mit Beratungsfunktion wurde aber weiterverfolgt, bis es schließlich im AdR seine Verwirklichung fand.

Die Bundesregierung machte sich weitgehend die Position der Länder zu eigen und brachte sie in die Verhandlungen mit den anderen Mitgliedstaaten ein. Der Bund musste den Ländern entgegenkommen, da das Ergebnis seiner Verhandlungen, der Unionsvertrag, der Zustimmung des Bundesrates unterliegen würde.[25] Zahlreiche Stellungnahmen von Rat, Kommission, EP, Beirat, Wirtschafts- und Sozialausschuss (WSA), anderen Regierungen sowie von Verbänden (RGRE, VRE) und Regionalvertretern folgten. Alternativmodelle zum deutschen Vorschlag (Nothomb-Modell, Brunner-Modell, Andreotti-Modell, Luster-

---

[24] Clement StWiss 1993, S. 159 (163).
[25] Benz VerwArch 1993, S. 328 (337), Theissen S. 103.

Modell)[26] setzten sich nicht durch, doch war auch der deutsche Vorschlag starken Veränderungen ausgesetzt. Die unitarischen Staaten misstrauten einem starken Regionalorgan, da in ihrer Tradition den Regionen keine besondere Rolle zukommt. Sie fürchteten, durch europarechtliche Vorgaben gezwungen zu werden, innerstaatlich den Regionen mehr Kompetenzen zu geben. Schließlich wurde jedoch unter den Mitgliedstaaten eine Kompromisslösung gefunden, die im Vertrag zur Errichtung der Europäischen Union (EU) verankert wurde. Dieser Vertrag wurde am 7. Februar 1992 in Maastricht unterzeichnet. Er trat nach den Ratifizierungen und der Abwehr mehrerer Verfassungsbeschwerden durch das deutsche Bundesverfassungsgericht[27] am 1. November 1993 in Kraft.

III. Der AdR nach dem Vertrag von Maastricht

1. Stellung, Aufbau und Funktionen des AdR

a) Vertragliche Regelungen über Stellung und Mitglieder des AdR

Der AdR ist in Art. 4 Abs. 2 und Art. 198a ff. EGV-Maastricht[28] geregelt. Danach hat der AdR nicht die formelle Stellung eines Organs der EU. Hauptorganen obliegen die Gestaltungs- und Leitungsfunktionen in der Gemeinschaft, ferner bedeutet die Organeigenschaft, die Entscheidungen der anderen Organe nach außen mitzuverantworten und außenwirksame Handlungen treffen zu können.[29] Diese Voraussetzungen erfüllt der AdR nicht. Er ist auch nicht in Art. 4 Abs. 1 EGV-Maastricht (Art. 7 Abs. 1 EGV-Amsterdam) bei der Aufzählung der Organe erwähnt. Der AdR kann jedoch als Einrichtung eigener Art und als beratendes „Nebenorgan" bezeichnet werden.[30] Dafür spricht auch die systematische Stellung, denn der AdR ist zwar im fünften Teil des EGV geregelt („Die Organe der Gemeinschaft"), nicht jedoch im Kapitel I des Titels I („Die Organe").[31]

---

[26] Hasselbach S. 88 ff.
[27] BVerfGE 89, 155 ff.
[28] BGBl. 1992 II S. 1253 ff.
[29] Wiedmann EuR 1999, S. 49 (61).
[30] Grabitz/Hilf-Blanke Art. 198a Rn. 1, Hasselbach S. 109, Kleffner-Riedel S. 199, Schwarze-Wiedmann Art. 263 Rn. 7 und 20, Wiedmann EuR 1999, S. 49 (60).
[31] Paul S. 29, Theissen S. 206 f.

Der AdR versteht sich und seine Mitglieder als Botschafter zwischen den Organen der Gemeinschaft und den Bürgern der Heimatregion, der zur wechselseitigen Annäherung beiträgt.[32] Vom AdR werden regelmäßig Foren, Seminare und ähnliche Veranstaltungen durchgeführt. Zudem sind die Mitglieder des Ausschusses gehalten, an unterschiedlichsten Veranstaltungen Dritter teilzunehmen.[33] Der AdR erstellt Studien, um neue politische Themen auf die politische Agenda der EU zu setzen und um den Mitgliedern für ihre Arbeit die nötigen Hintergrundinformationen zu liefern.[34]

Der AdR hatte zunächst 189 Mitglieder, mit dem Beitritt Österreichs, Finnlands und Schwedens zum 1. Januar1995 ist er auf 222 Mitglieder gewachsen. Die Verteilung der Sitze auf die einzelnen Mitgliedstaaten ist im Einzelnen in Art. 198a EGV-Maastricht geregelt. Danach verteilen sich die Sitze folgendermaßen auf die Mitgliedstaaten (wobei die kleineren Staaten überrepräsentiert sind):

- Belgien   12
- Dänemark   9
- Deutschland   24
- Griechenland   12
- Spanien   21
- Frankreich   24
- Irland   9
- Italien   24
- Luxemburg   6
- Niederlande   12
- Österreich (seit 1.1.1995)   12
- Portugal   12
- Finnland (seit 1.1.1995)   9
- Schweden (seit 1.1.1995)   12
- Vereinigtes Königreich24

---

[32] AdR-Prioritäten S. 24.
[33] AdR-Prioritäten S. 17.
[34] AdR-Prioritäten S. 18.

Die innerstaatliche Verteilung der jeweiligen Sitze ist europarechtlich nicht geregelt. Eine Einigung zwischen föderalisierten und unitarischen Staaten konnte in dieser Hinsicht nicht erzielt werden. Ergebnis ist, dass einige Mitgliedstaaten lediglich Kommunalvertreter entsenden, andere sowohl Kommunal- als auch Regionalvertreter, Belgien als einziger Mitgliedstaat dagegen nur Regionalvertreter. Vom WSA unterscheidet sich der AdR jedoch maßgeblich dadurch, dass er Repräsentanten staatlicher Gebietskörperschaften zu Mitgliedern hat, während im WSA Lobbyisten gesellschaftlicher Gruppen (Arbeitgeber, Arbeitnehmer und andere) versammelt sind. Berufsständische Kammern sind im AdR nicht vertreten, doch wurde noch 1992 sogar eine dementsprechende Anfrage vom Deutschen Industrie- und Handelstag (DIHT) und vom Zentralverband des deutschen Handwerks (ZDH) an den damaligen nordrhein-westfälischen Ministerpräsidenten Rau gerichtet.

b)   Anspruch der Kommunen auf Vertretung?

Sehr umstritten ist, ob die Verpflichtung eines jeden Mitgliedstaates besteht, auch *kommunale* Vertreter zu entsenden.[35] Dafür spricht der Wortlaut des Art. 198 a Abs. 1 EGV („regionalen und lokalen", nicht „regionalen oder lokalen").[36] Auch wird die Entstehungsgeschichte der Vorschrift für diese Ansicht angeführt, da erste Vorschläge explizit nur die Entsendung regionaler Vertreter vorsahen, in dieser Form aber abgelehnt wurden.[37] Außerdem wird geltend gemacht, dass auch der (abgeschaffte) Beirat als „Vorläufer" des AdR zur Hälfte mit kommunalen Vertretern besetzt war.[38] Die Beratungsfunktion des AdR erstrecke sich auch auf kommunale Bereiche.[39] Im Übrigen beruft man sich auf das in Art. A Abs. 2 EUV niedergelegte Prinzip der Bürgernähe und auf den Subsidiaritätsgedanken.[40] Schließlich entspreche es auch dem „effet utile", wenn der lokale Sachverstand im AdR einbezogen würde.[41] Weiter wird der Vertretungsanspruch deutscher

---

[35]   So die nicht veröffentlichten Gutachten von Bahlmann (Juli 1992) und Tomuschat (Oktober 1992) sowie Grabitz/Hilf-Blanke Art. 198a Rn. 15, Lenz-Kaufmann-Bühler Art. 263 Rn. 4, Streinz S. 60.
[36]   Grabitz/Hilf-Blanke Art. 198 a Rn.15, Heberlein BayVBl. 1993, S. 676 (678), Schwarze-Wiedmann Art. 263 Rn. 33, Streinz S.59, Strohmeier BayVBl. 1993, 417 (419), Tauras S.98, Theissen S. 172.
[37]   Streinz S. 59, Tauras S. 98 f.
[38]   Streinz S. 59, Tauras S. 98.
[39]   Heberlein BayVBl. 1993, 676 (678).
[40]   Streinz S.59, Tauras S.98 f.
[41]   Grabitz/Hilf-Blanke Art. 198a Rn.18, Tauras S.123.

Kommunen auch mit dem in Art. 28 Abs. 2 GG verankerten Recht der kommunalen Selbstverwaltung begründet.[42] Teilweise wird innerhalb dieser Meinungsströmung immerhin zugestanden, dass das Schwergewicht bei den regionalen Vertretern liegen müsse.[43]

Die Gegenauffassung[44] behauptet, die Entsendung kommunaler Vertreter sei nur für diejenigen Mitgliedstaaten verbindlich, bei denen es an einer intermediären regionalen Ebene fehle.[45] Dies gehe aus der Entstehungsgeschichte der Norm hervor.[46] Dieses Ergebnis sei außerdem durch den Sinn der Vorschrift vorgegeben, denn der AdR sei gerade mit typisch regionalen Angelegenheiten befasst (Transeuropäische Netze, Kultur und Bildung usw.).[47] Der AdR sei gerade kein lediglich „aufgebesserter" Beirat. Zudem gelte es, politische und praktische Gründe für eine rein regionale Besetzung zu beachten: der AdR bedürfe für seine Durchschlagskraft einer homogenen Identität.[48] Für diese Ansicht kann weiter angeführt werden, dass in Art. 198c Abs. 3 Satz 2 EGV-Maastricht nur „regionale" Interessen genannt sind.[49] Teilweise wird sogar geltend gemacht, Mitgliedstaaten mit regionaler Zwischenebene dürften ausschließlich Regionalvertreter entsenden.[50]

c)   Tatsächliche Mitgliederstruktur und Position der Mitglieder

Tatsächlich besteht die überwiegende Zahl der Mitglieder des Regional-ausschusses aus Kommunalvertretern, wenn auch die Zuordnung zur regionalen oder kommunalen Ebene nicht immer ganz eindeutig erfolgen kann. Tauras kommt in seiner Untersuchung (betreffend die erste Mandatsperiode 1994-1998) zu dem Ergebnis, dass der AdR sich aus 85 Regionalvertretern, 96 Kommunalvertretern und 41 Vertretern der „intermediären" Ebene zusammen-

---

42   Knemeyer/Heberlein S.93 ff.
43   Streinz S.60.
44   Baetge BayVBl. 1992, 711 (713 f.), Clement StWiss 1993, 159 (164 f.), Dästner NWVBl. 1994, 1 (7), Konow S.86, Schwarze-Wiedmann Art. 263 Rn.35, Tauras S.124, Theissen S.183, Wiedmann EuR 1999, 49 (80), Wuermeling EuR 1993, 196 (200).
45   Streinz S.59, Theissen S.173, Wiedmann EuR 1999, 49 (81).
46   Clement StWiss 1993, 159 (164 f.), Schwarze-Wiedmann Art. 263 Rn.33, Wiedmann EuR 1999, 49 (80).
47   Clement StWiss 1993, 159 (165), Schwarze-Wiedmann Art. 263 Rn.33, Wiedmann EuR 1999, 49 (81).
48   Clement StWiss 1993, 159 (166).
49   Streinz S.59.
50   Clement StWiss 1993, 159 (164 f.).

setzt.[51] Hasselbach kommt ebenfalls auf 85 regionale Sitze (38 %), denen 137 kommunale Sitze (62 %) gegenüberstehen.[52] Auch Schöbel ordnet der regionalen Ebene insgesamt 85 Mitglieder zu (davon 42 als Vertreter von Regionen „mit Staatsqualität"), der intermediären Ebene (Provinzen, Kreise usw.) 41 und der lokalen Ebene 96.[53]

Die Entsendung der deutschen Vertreter in den AdR ist in § 14 EUZBLG (BGBl. I 1993 S. 313 ff.) so geregelt, dass die Bundesregierung dem Ministerrat die von den Ländern benannten Vertreter vorschlägt. Die Länder müssen die Gemeinden und Gemeindeverbände mit drei Vertretern beteiligen. Weitere Einzelheiten sind durch eine Ländervereinbarung und eine Bund-Länder-Vereinbarung festgelegt. Im Ergebnis führte dies zu folgender Regelung: 21 der 24 deutschen Sitze werden von Ländervertretern wahrgenommen, die übrigen drei Sitze verteilen sich auf Vertreter der Kommunalverbände Deutscher Städtetag, Deutscher Städte- und Gemeindebund sowie Deutscher Landkreistag.

Formell werden die Mitglieder des AdR sowie ihre Stellvertreter von ihren Heimatstaaten nur vorgeschlagen. Ernannt werden sie einstimmig vom Ministerrat (Art. 198a Abs. 3 Satz 1 EGV-Maastricht). Wiederernennung ist zulässig (Art. 198a Abs. 3 Satz 2 EGV-Maastricht). Dem Ministerrat steht ein formelles Prüfungsrecht zu, jedoch keine eigene Auswahlbefugnis.[54] Die Regionen haben durchgesetzt, dass die Ausschussmitglieder nicht wie beim WSA von einer Liste ausgewählt werden.[55]

Die Mitglieder des AdR sind keine Vertreter „ihrer" Region, sondern vertreten die regionale Ebene zum allgemeinen Wohle der Gemeinschaft (Art. 198a Abs. 4 Satz 2 EGV-Maastricht). Sie sind an keine Weisungen gebunden (Art. 198a Abs. 4 Satz 1 EGV-Maastricht). Diese Regelungen werden teilweise kritisiert, da die regionale Vertretung nur bei einer gewissen Steuerbarkeit der Vertreter wirksam

---

[51] Tauras S.136 ff. i.V.m. S.185 ff.
[52] Hasselbach S.129 f.
[53] Schöbel S.30.
[54] Grabitz/Hilf-Blanke Art. 198 a Rn.21, Hasselbach S.162, Kleffner-Riedel S.201, Tauras S.98, Theissen S.189 f.
[55] Fischer NWVBl. 1994, 161 (163), Wuermeling EuR 1993, 196 (201).

sein könne.[56] In der Praxis stellt sich das freie Mandat der Ausschussmitglieder indes nicht als Problem dar, da diese als politische Repräsentanten von sich aus die Interessen ihrer Heimatregion im Blick behalten. Es ist „schwierig, die Vorstellung des EGV mit der politischen Wirklichkeit in Einklang zu bringen. Die Mitglieder des AdR werden sich in besonderem Maße als Sachwalter ihrer regionalen und kommunalen Interessen verstehen".[57] Auch ein Verbot der Weisungsannahme oder -anforderung wird nicht angenommen, da ein solches anders als im Falle der Kommissionsmitglieder und der Rechnungshofmitglieder nicht normiert ist.[58] Bindend wäre die Vereinbarung mit der Heimatregion oder dem Heimatstaat über ein bestimmtes Verhalten allerdings nicht. Ein regionales oder kommunales Wahlmandat, also eine unmittelbare demokratische Legitimation, ist nicht Voraussetzung für die Mitgliedschaft im AdR.[59] Der Verlust eines Wahlmandates der entsendenden Körperschaft ist auch kein Absetzungsgrund im Rahmen des AdR.[60] Die Rücknahme der Ernennung bedarf eines Beschlusses des Ministerrates (actus contrarius zur Ernennung). In der Praxis treten Ausschussmitglieder aber häufig zurück, wenn sie ihr regionales Mandat verlieren, was sich in einer großen Zahl von Neuernennungen einzelner Mitglieder durch den Rat niederschlägt.[61]

Eine Vergütung für die Mitglieder des AdR ist nicht vorgesehen, allerdings erhalten sie erhalten nach einer Durchführungsbestimmung zu Art. 18 der Geschäftsordnung von 1994 (jetziger Art. 35g) eine Erstattung der Reise- und Aufenthaltskosten.[62] Unklar war zuvor noch gewesen, ob für die Mitglieder des AdR die Aufwandsentschädigungen des WSA oder die höheren Erstattungs-beträge für die Abgeordneten des EP gelten sollten. Die Mitgliedschaft im AdR ist „per definitionem" als eine Nebentätigkeit anzusehen.[63] Die AdR-Mitglieder genießen gemäß Art. 17 der Geschäftsordnung von 1994 (Art. 4 der jetzigen Geschäftsordnung) eine eingeschränkte Immunität nach Art. 11 Abs. 2 des

---

[56] Kleffner-Riedel S.203.
[57] Lenz-Kaufmann-Bühler Art. 263 Rn.8.
[58] Streinz S.62, Tauras S.100.
[59] Dästner NWVBl. 1994, 1 (8), Lenz-Kaufmann-Bühler Art. 263 Rn.5.
[60] Grabitz/Hilf-Blanke Art. 198 a Rn.26, Konow S.87, Lenz-Kaufmann-Bühler Art. 263 Rn.5, Streinz S.63, Tauras S.100 f., Wuermeling EuR 1993, 196 (201).
[61] Lenz-Kaufmann-Bühler Art. 263 Rn.5.
[62] Schwarze-Wiedmann Art. 263 Rn.57.
[63] AdR-Prioritäten S.14.

„Protokolls über Vorrechte und Befreiungen der Europäischen Gemeinschaften"
(BGBl. II 1965 S. 1482 ff.).

d)   Organe und Untergliederungen sowie Arbeitsweise des AdR

Die Organe des AdR sind in Art. 1 der Geschäftsordnung (sowohl der ersten vom Mai 1994[64] als auch der neuen vom November 1999[65]) genannt. Danach sind dies die Plenarversammlung, das Präsidium und die Fachkommissionen. Die Plenarversammlung ist das wichtigste Gremium und setzt sich aus den (zunächst 189, später 222) Vertretern der Mitgliedstaaten zusammen. Aus seiner Mitte werden gemäß Art. 198b Abs. 1 EGV-Maastricht ein Präsident und ein Präsidium auf zwei Jahre gewählt. Der Ausschuss wird von seinem Präsidenten *auf Antrag* des Rates oder der Kommission einberufen, kann aber auch *von sich aus* zusammentreten (Art. 198b Abs. 3 EGV-Maastricht).

Die Fachkommissionen bereiten die Arbeit der Plenarversammlung vor (Art. 25 Abs. 1 der früheren, Art. 44 Abs. 1 der jetzigen Geschäftsordnung). In den Fachkommissionen und Unterausschüssen werden die Entwürfe der Stellungnahmen des AdR ausgearbeitet, die dann noch von der Plenarversammlung angenommen werden müssen. In Eilfällen können sogar „Dringlichkeitsstellungnahmen" direkt von den Fachkommissionen an die zuständigen Gemeinschaftsorgane weitergeleitet werden, wobei dann nachträglich eine Annahme in der Plenarversammlung stattfindet (Art. 9 Abs. 3 der früheren, Art. 25 der jetzigen Geschäftsordnung). Im einzelnen wurden auf der ersten Tagung des AdR folgende Fachkommissionen eingesetzt (Art. 28 der damaligen Geschäftsordnung).[66]

- Fachkommission 1: Regionalpolitik (unter Ausschluss der Kohäsionsfonds), Wirtschaftsentwicklung, lokale und regionale Finanzen
  - o Unterkommission: Lokale und regionale Finanzen

---

[64] ABl. der EG 1994 L 132/49. Online im Internet. URL: http://europe.eu.int/eur-lex/de/lif/dat/1994/de_394X0527_01.html (Stand: 21.2.2001).
[65] ABl. der EG 2000 L 18/22. Online im Internet. URL: http://europe.eu.int/eur-lex/de/lif/dat/2000/de_300X0122_01.html (Stand: 21.2.2001).
[66] Grabitz/Hilf-Blanke Art. 198 b Rn.12, Hasselbach S.186 f., Schöbel S.15 (Fn.18), Tauras S.160.

- Fachkommission 2: Planung für den ländlichen Raum, Landwirtschaft, Jagd, Fischerei, Forstwirtschaft, Meer und Gebirge
  - o Unterkommission: Fremdenverkehr, ländlicher Raum
- Fachkommission 3: Verkehr und Kommunikationsnetze
  - o Unterkommission: Telekommunikation
- Fachkommission 4: Städtepolitik
- Fachkommission 5: Raumplanung, Umwelt, Energie
- Fachkommission 6: Bildung, Ausbildung
- Fachkommission 7: Europa der Bürger, Forschung, Kultur, Jugend und Verbrau-cher
  - o Unterkommission: Jugend und Sport
- Fachkommission 8: Kohäsionsfonds, Soziales, Gesundheitsschutz
- nicht-ständige Ad-hoc-Fachkommission „Institutionelle Fragen"

Die nicht-ständige Ad-hoc-Fachkommission „Institutionelle Fragen" soll die Positionen des AdR im Vorfeld von Vertragsrevisionen vorbereiten. Die Unterausschüsse stehen in einem Verhältnis der Unterordnung zu den jeweiligen Fachkommissionen, wie schon ihre Benennung verdeutlicht. Vereinbart wurde dies ausdrücklich nur für den Unterausschuss der Fachkommission 1. Die Zahl von acht Fachkommissionen und vier Unterausschüssen hängt wohl damit zusammen, dass auf diese Weise jeder der damaligen zwölf Mitgliedstaaten einen Vorsitz übernehmen konnte. Auf die *gegenwärtige* Aufteilung der Fach-kommissionen wird später eingegangen.

Fraktionen kennen der EG-Vertrag und die Geschäftsordnung von 1994 nicht. Es sind aber gleichwohl interne Gruppenbildungen zu beobachten. Es gibt sich überlagernde Abstimmungsstrukturen, die sich an nationaler Zugehörigkeit, parteipolitischer Bindung und geographischem Herkommen (Nord/Süd, Mittelmeer, Alpenregion etc.) orientieren.[67] Weiter können themenspezifische Gruppenbildungen (Netzwerkgruppen) und eine Trennlinie zwischen regionalen und kommunalen Gruppen ausgemacht werden. Die einflussreichste

---

[67] Lenz-Kaufmann-Bühler Art. 263 Rn.8, Schöbel S.32 f., Tauras S.167 ff., Theissen S.156 ff.

Gruppenbildung ist diejenige nach nationalen Delegationen.[68] Zu besetzende Stellen werden gleichmäßig unter Vertretern aus allen Mitgliedstaaten aufgeteilt. Zum nationalen Zusammenhalt tragen nicht nur häufig gleiche Interessen der Regionen eines Staates bei, sondern auch die gemeinsame Sprache, da Sitzungen ohne einen Dolmetscher abgehalten werden können. Die nationalen Delegationen treten im Regelfall im Vorfeld der Plenarversammlungen zusammen.[69]

Die stärker formalisierten parteipolitischen Fraktionen (auch „politische Gruppen" genannt) bildeten sich erstmals auf der 5. Plenartagung des AdR im November 1994 heraus.[70] Die ersten Fraktionen waren die der Europäischen Volkspartei (EVP) und die der Sozialdemokratischen Partei Europas (SPE). Daneben traten auf der folgenden Sitzung des AdR die Fraktionen der „Radikalen" (inzwischen umbenannt in „Europäische Allianz") und die der „Liberalen". Die politischen Gruppen haben eigene Sitzungssäle zur Verfügung sowie eigene Sekretäre und Budgets. Die Fraktionen werden gefördert, da sie zur Strukturierung der Debatte innerhalb des AdR beitragen.[71]

Der im gesamten EU-System vorhandene „Nord/Süd-Konflikt" wirkt sich auch im AdR aus. Er hängt mit dem Wohlstandsgefälle innerhalb der EU zusammen. Die Spannung zwischen nördlichen und südlichen Regionen wird als Gefahr für die Arbeit des AdR gesehen, da es das Gewicht einer Stellungnahme schwächt, wenn sie nur durch streitige Durchsetzung von Partikularinteressen zustande gekommen ist.[72] Zum Ausbruch kam der Nord/Süd-Konflikt bei der Debatte um das Thema „Reform der gemeinsamen Marktorganisation für Wein" und bei der Verabschiedung der entsprechenden Stellungnahme im Jahre 1994, bei der sich die südlichen Länder durchsetzen konnten.[73]

Ein Beispiel für eine themenbezogene Netzwerkgruppe im AdR ist das vom Land Nordrhein-Westfalen initiierte regelmäßige Zusammenkommen der AdR-

---

[68] Schöbel S.31 f., Tauras S.167.
[69] Mietzsch DStT 1998, 290 (293)Tauras S.168.
[70] Tauras S.168, Theissen S.158.
[71] AdR-Prioritäten S.15
[72] Tauras S.170.

Mitglieder aus Nachbarregionen an Rhein, Mosel, Maas und Schelde.[74] Aber auch die Anrainerregionen des Mittelmeeres oder die Alpenregionen bilden wirksame Netzwerke. Zur Mittelmeergruppe gehören Portugal, Spanien, Frankreich, Italien und Griechenland.

Die Trennungslinie zwischen Regionen und Kommunen im AdR führte zu keiner entsprechenden Gruppenbildung, da das dahingehende Ansinnen der deutschen Bundesländer abgewiesen wurde.[75] Die Interessendivergenz kommt aber verschiedentlich zum Vorschein, insbesondere wenn es um die zukünftige Entwicklung des AdR geht. Insgesamt werden die Gruppenbildungen im AdR positiv eingeschätzt, da schon „im Vorfeld von Entscheidungen Fakten strukturiert und Positionen gebündelt" werden[76]. Im einzelnen kann die Überbetonung partikularer Interessen aber auch zu einer Blockade der Ausschussarbeit führen.[77]

Vorschriften über den organisatorischen Unterbau des AdR finden sich im Maastricht-Vertrag nicht. Es wurde aber im Protokoll Nr. 16 zum EGV geregelt, dass der AdR den organisatorischen Unterbau mit dem WSA teile. Dem Vertrag beigefügte Protokolle sind nach Art. 239 EGV-Maastricht (Art. 311 EGV-Amsterdam) Bestandteil des Vertrags. Damit war vorerst zementiert, dass der AdR organisatorisch nicht selbständig war. Die Gemeinsamkeit des Unterbaus sollte die Gleichwertigkeit des Status von AdR und WSA unterstreichen sowie Kosten sparen.[78] Unklar war zunächst, ob sich der gemeinsame Unterbau mit dem WSA auch auf das Generalsekretariat beziehen sollte oder ob lediglich technische Bereiche wie Dolmetscherdienst, Druckerei, Datenverarbeitung, Dokumenten-verteilung und Bibliothek geteilt werden müssten („Y-Struktur" der Verwaltung).[79] Namentlich Deutschland sprach sich für eine geringe Abhängigkeit vom WSA aus, Großbritannien vertrat die gegenteilige Auffassung. Die Frage wurde schließlich im Sinne der deutschen Position und des AdR so gelöst, dass er ein eigenes Generalsekretariat erhielt (Art. 1 der früheren, Art. 59 der jetzigen Geschäfts-

---

[73] Gray S.271 (275), Schöbel S.16 f.
[74] Tauras S.171.
[75] Tauras S.171.
[76] Tauras S.172.
[77] Tauras S.172.
[78] Theissen S.235
[79] Hasselbach S.189 f.

ordnung) und lediglich bei den technischen Diensten unselbständig war. Ein eigenes Generalsekretariat wird „als unabdingbare organisatorische Voraussetzung für eine effiziente, selbständige und damit auch eine politische Profilierung ermöglichende Arbeitsweise" angesehen.[80] Allein dies stieß bereits auf heftige Kritik, da der AdR erheblich in seiner Arbeitsfähigkeit behindert, die Anbindung des AdR an den WSA sachlich unverständlich und unsinnig sei.[81] Der Vorgabe wurde Rechnung getragen, indem bestimmte Dienststellen des WSA personell aufgestockt wurden und fortan als „gemeinsame Dienste" beiden Institutionen zur Verfügung standen.

Der Präsident des AdR beruft die Plenarversammlung mindestens einmal pro Quartal ein (Art. 5 Abs. 1 der früheren, Art. 14 Abs. 1 der jetzigen Geschäftsordnung). In der Praxis bildete sich ein anderer Tagungsrhythmus heraus. Das Plenum wird fünf Mal im Jahr zu einer zweitägigen Sitzung einberufen.[82]

Sitz des AdR ist Brüssel, was nach den Bestimmungen von Maastricht durch die Anbindung an den WSA praktisch unumgänglich war. Der Sitz des WSA war auf dem Europäischen Rat in Edinburgh festgelegt worden. Vertragsrechtlich fixiert wurde der Sitz des AdR erst im Protokoll Nr. 8, Buchstabe g) zum Vertrag von Amsterdam über die Europäische Union. Zuletzt auf einer Sitzung des AdR-Präsidiums am 20. Juni 1994 hatte es eine Debatte über den Sitz des AdR gegeben, in der Bonn sowie Straßburg und Luxemburg als Sitzorte diskutiert wurden.[83]

e)   Haushalt des AdR und Amtshaftung für seine Handlungen

Unklarheit herrschte nach dem Vertragsschluss von Maastricht zunächst über die haushaltsrechtliche Position des AdR. In der Erklärung Nr. 22 zum EU-Vertrag war vorgesehen, dass der WSA - angelehnt an den Rechnungshof - die haushaltsrechtliche Selbständigkeit erhielt. Eine Regelung über den Haushalt des AdR war nicht getroffen. Man konnte deshalb im Umkehrschluss zur Regelung für

[80] Hasselbach S.189 f.
[81] Clement StWiss 1993, 159 (161), Kleffner-Riedel S.200, Pause S.19.
[82] Mietzsch DStT 1998, 290 (292), Schwarze-Wiedmann Art. 264 Rn.24.
[83] Schöbel S.20.

den WSA annehmen, der AdR genieße keine Haushaltsautonomie, sein Haushalt sei vielmehr Teil des Ratshaushalts. Ein solches Ergebnis wäre aber unvereinbar mit dem gemeinsamen Verwaltungsunterbau von WSA und AdR gewesen, da ein Zusammenwirken beider Institutionen unter zwei unterschiedlichen Haushaltsregimen kaum denkbar war[84]. Die Regelung über den Haushalt des WSA wird daher für den AdR entsprechend angewandt[85]. Das Generalsekretariat des AdR erstellt zu Beginn eines jeden Jahres einen Voranschlag der Einnahmen und Ausgaben. Nach Annahme durch das Präsidiums beschließt die Plenarversammlung darüber. Der Haushaltsentwurf des AdR gelangt dann in das für alle Organe der EG vorgeschriebene allgemeine Haushaltsverfahren des Art. 203 EGV-Maastricht (Art. 272 EGV-Amsterdam), das von Kommission, Rat und EP durchgeführt wird. Nach Abschluss des Verfahrens wird der Haushalt des AdR als Bestandteil des dreigeteilten Einzelplans VI (WSA und AdR) in den Gesamthaushaltsplan der EU eingestellt.[86] Das Haushaltsvolumen betrug für das Jahr 1994 nach einer zwischenzeitlichen Aufstockung 13,5 Mio. ECU einschließlich des AdR-Anteils am gemeinsamen Unterbau mit dem WSA, für das Jahr 1995 (das erste vollständige Haushaltsjahr des AdR) 15,709 Mio. ECU (gegenüber 26,262 Mio. ECU für den WSA) und für das Jahr 1996 17,466 Mio. ECU[87]. In den Jahren ab 1995 kommt noch ein Haushaltsanteil für den gemeinsamen organisatorischen Unterbau mit dem WSA hinzu: 19,757 Mio. ECU im Jahre 1995, 21,434 Mio. ECU im Jahre 1996.[88] Die jährlichen Haushaltsvorschläge des AdR basieren auf dem Grundsatzprogramm, das der AdR zu Beginn jeder neuen Mandatsperiode für die nächsten vier Jahre vorlegt. Das Grundsatzprogramm für den Zeitraum 1998-2002 sieht folgende politische Prioritäten vor.[89]

- Agenda 2000 (Gemeinsame Agrarpolitik, Reform der Strukturfonds und wirtschaftlicher und sozialer Zusammenarbeit, Erweiterung)
- Beschäftigung
- Umwelt

---

[84] Fischer NWVBl. 1994, 161 (164), Wuermeling EuR 1993, 196 (206).
[85] Hasselbach S.196.
[86] Hasselbach S.196.
[87] Grabitz/Hilf-Blanke Art. 198 b Rn.9, teilweise auch zu finden bei Hasselbach S.196 f.
[88] Grabitz/Hilf-Blanke Art. 198 b Rn.9.

- Unionsbürgerschaft
- Städtepolitik.

Verursacht der AdR oder einer seiner Bediensteten in Ausübung seiner Amtstätigkeit Dritten gegenüber Schäden, so kann die Gemeinschaft nach einer in der Literatur vertretenen Auffassung im Wege der Amtshaftung in Anspruch genommen werden. Trotz fehlender echter Entscheidungsbefugnisse sei die Verursachung von Schäden nicht ausgeschlossen. Die Haftung gründe in Art. 215 EGV-Maastricht (Art. 288 EGV-Amsterdam), der auch für Einrichtungen gelte, die keinen formellen Organstatus haben.[90] Sonst könnte sich die Gemeinschaft ihrer Haftung entziehen, indem sie Institutionen bildete, ohne ihnen Organstatus zu verleihen. Für die Amtshaftung spricht zudem, dass der AdR in einigen Bereichen den Organen gleichgestellt ist, zum Beispiel im Statut der Beamten der EG. Schließlich können auf die Geschäftsordnung gestützte Handlungen dem Organ Ministerrat zumindest indirekt zugerechnet werden, soweit sie durch dessen Genehmigung bezüglich der Geschäftsordnung verursacht sind.[91] Nach anderer Auffassung trifft die EG keine Amtshaftung für Handeln des AdR, da es sich um kein „Organ" im formellen Sinne handele und die Mitglieder mangels Außenwirkung keine „Amtstätigkeit" wahrnähmen.[92]

2. Stellungnahmekompetenzen des AdR

Zentrale Kompetenz des AdR nach dem Maastricht-Vertrag ist das Recht der Stellungnahme (Art. 198c EGV-Maastricht). Dabei werden vier verschiedene Arten der Stellungnahme unterschieden.

a) Obligatorische Stellungnahme

Das Verfahren der obligatorischen Stellungnahme gebietet es dem Rat und der Kommission in bestimmten, im Vertrag enumerativ aufgeführten Fällen, den AdR anzuhören (Art. 198c Abs. 1 Fall 1 EGV-Maastricht). Diese Vorschrift hat den Sinn, die Regionen und Kommunen bei Vorhaben zu Sachbereichen, die sie besonders berühren, zu beteiligen. Der AdR hat das Recht, aber *keine Pflicht*, auf

---

[89]   AdR-Prioritäten S.19 ff.
[90]   Grabitz/Hilf-Blanke Art. 198 a Rn.4, Hasselbach S.203 f.
[91]   Hasselbach S.204.
[92]   Theissen S.207.

die Anhörung hin eine Stellungnahme abzugeben. Nach dem Maastrichter Vertrag sind folgende Materien von der obligatorischen Anhörung erfasst[93]:

- Festlegungen im Bereich der Strukturfonds (Art. 130d Abs. 1 i.V.m. Art. 130b Abs. 1 EGV)
- Errichtung des Kohäsionsfonds (Art. 130d Abs. 2 EGV)
- Durchführungsbeschlüsse im Tätigkeitsbereich des EFRE (Art. 130e Abs. 1 i.V.m. Art. 130c EGV)
- Strukturpolitische Maßnahmen außerhalb der Strukturfonds (Art. 130b Abs. 3 EGV)
- Aufstellung von Leitlinien für den Ausbau der transeuropäische Netze im Bereich der Verkehrs-, Telekommunikations- und Infrastruktur (Art. 129d Abs. 1 i.V.m. Art. 129c Abs. 1 Fall 1 EGV) sowie die Durchführung sonstiger Vorhaben zur Gewährleistung der Interoperabilität und zur finanziellen Unterstützung des Ausbaus derartiger Netze (Art. 129d Abs. 3 i.V.m. Art. 129c Abs. 1 Fälle 2 und 3 EGV)
- Fördermaßnahmen im Bereich der allgemeinen Bildung und Jugend (Art. 126 Abs. 4 Fall 1 EGV), der Kulturpolitik (Art. 128 Abs. 5 Fall 1 EGV) und des Gesundheitswesens (Art. 129 Abs. 4 Fall 1 EGV)

An diesem Katalog wird kritisiert, dass er keine klare Linie bzw. nur Ansätze eines Systems erkennen lasse.[94] So muss der AdR etwa zu Fragen der allgemeinen Bildung angehört werden, nicht aber zu Fragen der beruflichen Bildung, „obwohl beide Bereiche eng zusammenhängen und sich in der Praxis kaum getrennt behandeln lassen".[95] Mängel des Katalogs dürften Ausdruck des politischen Kompromisses sein. Auch wird gemutmaßt, man habe den AdR aus Kalkül nicht an zu vielen Materien beteiligen wollen, um seinen Status nicht zu hoch anzusetzen.[96] Früh wurde jedenfalls eine Ausweitung der Sachbereiche der obligatorischen Anhörung gefordert.

---

[93] Grabitz/Hilf-Blanke Art. 198 c Rn.2, Hasselbach S.143, Mietzsch APuZ 25-26/1998, 34 (36) und DStT 1998, 290 (291), Schöbel S.10 f., Tauras S.103 f., Wuermeling EuR 1993, 196 (202).
[94] Hasselbach S.143, Streinz S.66.
[95] Hasselbach S.143.
[96] Streinz S.66, Tauras S.104.

Die Anhörung des AdR muss so frühzeitig erfolgen, dass seine Stellungnahmen noch in der Sache berücksichtigt werden können[97]. In der Regel erfolgt die Anhörung nach Verabschiedung des Vorschlags der Kommission und ist prinzipiell noch bis zur endgültigen Annahme möglich. Sie kann auch bereits während der Vorbereitung eines Vorschlags der Kommission stattfinden. Die Vorbereitungen müssen allerdings so weit gediehen und die beabsichtigten Maßnahmen so genau erkennbar sein, dass der AdR sich substantiiert damit auseinandersetzen kann.[98] Sowohl im Verfahren der Zusammenarbeit mit dem EP (Art. 189c EGV-Maastricht, Art. 252 EGV-Amsterdam) als auch beim Verfahren der Mitentscheidung des EP (Art. 189b EGV-Maastricht, Art. 251 EGV-Amsterdam) muss die Anhörung vor der Festlegung des gemeinsamen Standpunktes durch den Rat abgeschlossen sein, da dies die letzte inhaltliche Befassung mit dem Vorschlag sein kann.[99] Rat und Kommission können dem AdR eine Frist (von mindestens einem Monat) zur Stellungnahme setzen, nach deren Ablauf das Fehlen der Stellungnahme unberücksichtigt bleiben darf (Art. 198c Abs. 2 EGV-Maastricht). Ansonsten muss die Stellungnahme Berücksichtigung finden. Bindend sind die Stellungnahmen jedoch nicht. Dem AdR kommt kein Mitentscheidungsrecht im Gesetzgebungsverfahren zu. Er ist insbesondere keine „dritte Kammer" neben Ministerrat und EP. Auch schulden Rat und Kommission in keiner Weise Rechenschaft darüber, ob und wie sie die Stellungnahmen berücksichtigt oder bewusst nicht berücksichtigt haben.[100] Praktiziert wird jedoch ein Verfahren, das dem AdR entgegenkommt. Die Kommission lässt die Stellungnahmen des AdR von ihren Dienststellen regelmäßig analysieren. Seit 1995 übermittelt sie dem Generalsekretariat des AdR freiwillig zweimal jährlich eine Zusammenfassung über die Resonanz der Stellungnahmen im Rechtsetzungsprozess.[101]

Ein Verstoß gegen die Anhörungspflicht gegenüber dem AdR macht den aus dem Verfahren hervorgehenden Rechtsakt rechtswidrig und nichtig.[102] Es handelt

---

[97] AdR-Prioritäten S.16, Schwarze-Wiedmann Art. 265 Rn.3, Theissen S.120, Wuermeling EuR 1993, 196 (202).
[98] Schwarze-Wiedmann Art. 265 Rn.2.
[99] Schwarze-Wiedmann Art. 265 Rn.3, Wuermeling EuR 1993, 196 (202).
[100] Clement StWiss 1993, 159 (162), Kleffner-Riedel S.208.
[101] Wiedmann EuR 1999, 49 (65).
[102] Clement StWiss 1993, 159 (161), Fischer NWVBl. 1994, 161 (164), Grabitz/Hilf-Blanke Art. 198 c Rn.3, Konow S.88, Lenz-Kaufmann-Bühler Art. 265 Rn.2, Schwarze-Wiedmann Art. 265 Rn.21,

sich nämlich um eine wesentliche Formvorschrift. Dagegen spricht zwar, dass bei mangelnder Beteiligung des AdR noch nicht das „institutionelle Gleichgewicht" auf dem Spiel steht.[103] Andererseits wird ein Beteiligungsfehler beim WSA schon lange als Nichtigkeitsgrund angesehen, und es ist kein Grund ersichtlich, den AdR anders zu behandeln.[104] Der Verstoß kann mit der Nichtigkeitsklage (Art. 173 Abs. 2 EGV-Maastricht, Art. 230 Abs. 2 EGV-Amsterdam) geltend gemacht werden. Ob jedoch ein eigenes Klagerecht des AdR angenommen werden kann oder er auf die Klageerhebung einer anderen Stelle angewiesen ist, wird an späterer Stelle in dieser Arbeit erörtert (unten 3.).

b) Fakultative Anhörung

Die zweite Stellungnahmekompetenz des AdR ist die der fakultativen Stellungnahme (Art. 198c Abs. 1 Fall 2 EGV-Maastricht). Rat oder Kommission können danach den AdR auch anhören, wenn sie dies für zweckmäßig erachten. Da hier die Befassung des AdR im Ermessen anderer Organe liegt, handelt es sich um keine bedeutende Erweiterung der Befugnisse des AdR. Zumal auch Initiativstellungnahmen des AdR möglich sind (siehe unten), liegt die Bedeutung allein darin, dass der AdR von Rat oder Kommission von Vorhaben in Kenntnis gesetzt wird, über die sich der AdR von sich aus nicht äußern würde. Die fakultative Anhörung und die sogleich zu erläuternde Annexstellungnahme haben insoweit eine „Benachrichtigungsfunktion", weshalb sie nicht überflüssig sind. Das oben genannte Fristsetzungsrecht von Rat und Kommission besteht auch bei der fakultativen Anhörung.

c) Akzessorische Anhörung

Hinzu kommt das Verfahren der akzessorischen Anhörung oder Annexstellungnahme (Art. 198c Abs. 3 EGV-Maastricht). Wird der WSA nach Art. 198 EGV-Maastricht (Art. 262 EGV-Amsterdam) gehört, so wird der AdR davon stets unterrichtet. Ist der AdR der Auffassung, dass spezifische regionale Interessen berührt sind, kann er eine entsprechende Stellungnahme abgeben. Bei der Frage, ob regionale Interessen betroffen sind, steht dem AdR ein

---

Streinz S.71 f., Tauras S.107 f., Wuermeling EuR 1993, 196 (204), der EuGH hat noch nicht entschieden.
[103] Streinz S.71 f.
[104] Streinz S.71 f., Tauras S.107 f.

Beurteilungsspielraum zu.[105] Über die Auslegung des Art. 198c Abs. 3 EGV-Maastricht besteht Streit. Unklar ist, ob von der Vorschrift alle Fälle erfasst sind, in denen der WSA um eine Stellungnahme ersucht wird oder ob nur Fälle der fakultativen Anhörung des WSA gemeint sind.[106] Besonderes Gewicht kommt der Streitfrage nicht zu, da dem AdR das Recht der Initiativstellungnahme zusteht[107] (siehe unten). Der Wortlaut spricht jedoch dafür, dass sowohl Fälle der obligatorischen wie der fakultativen Anhörung des WSA gemeint sind, lediglich nicht Fälle der Selbstbefassung durch den WSA.[108] Nach einer dritten Auffassung[109] erfasst die Vorschrift sogar Initiativstellungnahmen des WSA, da gerade dieser Bereich auch für den AdR von Interesse sei.

d)   Initiativstellungnahme

Von größerem Gewicht als die beiden vorgenannten Stellungnahmekompetenzen ist schließlich das Recht zur Initiativstellungnahme (Art. 198c Abs. 4 EGV-Maastricht). Der AdR kann danach von sich aus Stellungnahmen abgeben, wenn ihm dies zweckdienlich erscheint (Selbstbefassungsrecht). Die selbst initiierten Stellungnahmen werden mit einem Bericht über die Beratungen wie auch die übrigen Arten der Stellungnahme dem Rat und der Kommission übermittelt. Der AdR kann damit sämtlichen Anliegen, die ihm bedeutsam erscheinen, bei Rat und Kommission Gehör verschaffen. Die Grenzen des Selbstbefassungsrechts sind sehr weit gesteckt, da der Vertragstext keinen regionalen oder kommunalen Bezug fordert. Der AdR ist mit seinem Selbstbefassungsrecht lediglich auf die Politiken der EU beschränkt.[110] Im Grenzbereich dürften sich Stellungnahmen über Bereiche wie die EGKS, die EAG, die Innen- und Justizpolitik oder die Gemeinsame Außen- und Sicherheitspolitik bewegen.[111] Formelle Grenzen setzen das Prinzip der begrenzten Einzelermächtigung sowie das Subsidiaritätsprinzip, wobei diese Grenzen kaum praktische Relevanz erlangen, da der AdR ein weites Befassungsrecht hat und in

---

[105] Tauras S.105.
[106] Streinz S.68, Tauras S.105.
[107] Wiedmann EuR 1999, 49 (56).
[108] Fischer NWVBl. 1994, 161 (163).
[109] Hasselbach S.146 f.
[110] Tauras S.106.
[111] Tauras S.106, Theissen S.117 f., für ein Befassungsrecht: Hasselbach S.141 f., gegen ein Befassungsrecht: Grabitz/Hilf-Blanke Art. 198 c Rn.13, Lenz-Kaufmann-Bühler Art. 265 Rn.4.

keinen unmittelbaren Zuständigkeitskonkurrenzen steht.[112] „Allerdings wird sich der AdR auf seine originären Aufgabenfelder beschränken müssen, wenn er eine starke Position im EU-Institutionengefüge erreichen will[113]." Eine übertriebene Tätigkeit kann die Qualität der Stellungnahmen und das Ansehen des AdR beeinträchtigen. Der AdR muss eigene politische Prioritäten setzen, um sich nicht zu einer reinen „Produktionsmaschinerie" zu entwickeln.[114] Das weite Initiativstellungnahmerecht birgt die Gefahr der Konturenlosigkeit des AdR und seiner Aussagen.

e) Bewertung der Stellungnahmemöglichkeiten

Die obligatorische Stellungnahme und die Initiativstellungnahme haben nicht nur theoretisch die größte Bedeutung für den AdR, sondern auch zahlenmäßig das größte Gewicht. In den ersten zwei Jahren seines Bestehens (März 1994 bis Dezember 1995) gab der AdR insgesamt 67 Stellungnahmen ab, von denen 21 (31,3 %) auf eine obligatorische Anhörung zurückgingen und 32 (47,8 %) Initiativstellungnahmen waren.[115] Inhaltlich befassten sich die meisten Stellungnahmen mit Strukturpolitik (25,4 %), gefolgt von den Transeuropäischen Netzen (14,9 %) und Gesundheitspolitik (10,4 %).[116]

In der Bewertung der Einflussmöglichkeiten des AdR mittels seiner Stellungnahmen herrscht Uneinigkeit. Einerseits wird darauf hingewiesen, die rechtliche Relevanz der Stellungnahmen sei unbedeutend. Die Rechtsstellung des AdR sei damit auf das „geringstmögliche gemeinschaftsrechtliche Profil" beschränkt.[117] Als nur beratender Ausschuss hat der AdR keinen maßgeblichen Einfluss auf den europäischen Entscheidungsprozess[118]. Andererseits finden nach Auffassung anderer Beobachter die Stellungnahmen „bei den rechtsetzenden Organen der Union durchaus Gehör und haben in mehreren Fällen zu Änderungen der einschlägigen Kommissionsvorschläge geführt"[119]. Dem AdR komme im Bereich der obligatorischen Anhörung eine „wichtige Vermittlerrolle"

---

[112] Hasselbach S.142.
[113] Tauras S.106.
[114] Schöbel S.37.
[115] Hasselbach S.205.
[116] Hasselbach S.205 f.
[117] Konow S.89.
[118] Schwarze-Wiedmann Art. 263 Rn.11.

zu[120]. Namentlich zwischen Kommission und AdR finde ein reger Gedankenaustausch statt, die Kommission habe immerhin eine Task-force in Abteilungsstärke eingesetzt, welche die Verbindung zum AdR halte[121]. Der AdR wird umfassend von der Kommission über die Berücksichtigung seiner Vorschläge unterrichtet. Teilweise wird angenommen, eine entsprechende Informationspflicht folge bereits aus dem Grundsatz der Organtreue[122]. Der AdR wertet die Berichte der Kommission aus und lässt zur Beobachtung der Resonanz der Stellungnahmen durch die Sekretariate seiner Fachkommissionen sogenannte „follow-ups" erarbeiten, die alle sechs Monate dem Präsidium unter dem Titel „Resonanz und weitere Behandlung der Stellungnahmen" vorgestellt werden[123]. Meist erzielt der AdR jedoch Erfolge, wenn seine Stellungnahmen allgemeiner Natur sind und sich nicht auf konkrete Forderungen zuspitzen[124].

Die vertragsgemäße Durchführung obligatorischer Anhörungen muss gemäß Art. 190 EGV-Maastricht (Art. 253 EGV-Amsterdam) festgestellt werden, indem die erlassene Verordnung, Richtlinie oder Entscheidung auf die eingeholte Stellungnahme Bezug nimmt. Dies bedeutet aber nur eine *formelle* Berufung auf die Anhörung des AdR.

3. Klagerecht des AdR?

Nicht ausdrücklich vorgesehen wurde durch den Vertrag von Maastricht ein Klagerecht des AdR. Fehler bei der Beteiligung des AdR, insbesondere seine vertragswidrige Übergehung bei der obligatorischen Anhörung, können nach dem oben Gesagten aber zur Nichtigkeit von Rechtsakten führen. Die Rolle des AdR würde es erheblich stärken, wenn er dies selbst vor dem EuGH klageweise rügen könnte.

Umstritten ist deshalb, ob ein Klagerecht (gleichermaßen fraglich ist eine Passivlegitimation) des AdR aus ungeschriebenen Grundsätzen hergeleitet werden kann. Für ein Klagerecht des AdR wird ins Feld geführt, dass der Wortlaut

---

[119] Hasselbach S.207, vgl. auch Klär GuS 1998, 118 (119).
[120] Theissen S.134.
[121] Wiedmann EuR 1999, 49 (72).
[122] Grabitz/Hilf-Blanke Art. 198 c Rn.7.
[123] AdR-Prioritäten S.14, Wiedmann EuR 1999, 49 (72).
[124] Schwarze-Wiedmann Art. 263 Rn.12.

der Art. 173 ff. EGV-Maastricht (Art. 230 ff. EGV-Amsterdam) keine abschließende Aufzählung der klagebefugten Gemeinschaftseinrichtungen enthalte[125]. Denn der EuGH habe in früherer Zeit auch dem EP vertraglich nicht vorgesehene Klagebefugnisse im Rahmen der Nichtigkeitsklage zuerkannt[126]. Die Argumentation des EuGH lasse sich auf den AdR übertragen, da eine vergleichbare Situation bestehe[127]: Zum einen hatte sich der EuGH - hinsichtlich der Passivlegitimation - auf das Prinzip der Rechtsstaatlichkeit gestützt, wonach jede Gemeinschaftsinstitution für Verletzungen von Rechten Dritter gerichtlich einstehen müsse[128]. Auch die rein beratende Tätigkeit des AdR könne in Rechte Dritter eingreifen. Zum anderen hatte der EuGH die Aktivlegitimation des EP aus dem Prinzip der Gewaltenteilung und dem damit verbundenen Grundsatz des institutionellen Gleichgewichts entnommen. Das Gleichgewicht der EG-Institutionen könne nur gewahrt werden, wenn Rechtsverstöße anderer Organe („inter-institutional transgressions") durch die betroffene Einrichtung gerichtlich beanstandet und geahndet werden könnten[129].

Vielfach wird jedoch (sogar von Befürwortern eines starken AdR) angenommen, dem AdR komme kein eigenes Klagerecht zu[130]. Gegen ein Klagerecht des AdR spricht der historische Wille der Mitgliedstaaten, denn diese entschieden sich trotz expliziter (deutscher) Forderungen nach einem Klagerecht gegen dessen vertragliche Verankerung[131]. Dabei ist allerdings die recht geringe Bedeutung der historischen Auslegungsmethode im Europarecht (Materialien zur Entstehungsgeschichte werden in der Regel nicht einmal veröffentlicht) zu beachten[132]. Im Rückblick spricht gegen ein Klagerecht des AdR im Wege eines Analogieschlusses, dass auch auf den Konferenzen von Amsterdam und Nizza keine Klagebefugnis vereinbart wurde[133]. Damit kann kaum von einer planwidrigen

---

[125] Hasselbach S.199 f.
[126] Hasselbach S.200.
[127] Hasselbach S.202, Theissen S.266 und 275.
[128] Hasselbach S.200 f.
[129] Hasselbach S.201.
[130] Clement StWiss 1993, 159 (161), Fischer NWVBl. 1994, 161 (164), Grabitz/Hilf-Blanke Art. 198 a Rn.3 und Art. 198 c Rn.11, Konow S.88 f., Lenz-Kaufmann-Bühler Art. 265 Rn.8, Paul S.30, Schwarze-Wiedmann Art. 263 Rn.20 und Art. 265 Rn.23 f., Streinz S.72, Tauras S.108, Wiedmann EuR 1999, 49 (66 f.).
[131] Grabitz/Hilf-Blanke Art. 198 a Rn.3, Hasselbach S.202 f.
[132] Hasselbach S.203.
[133] Schwarze-Wiedmann Art. 265 Rn.24, Wiedmann EuR 1999, 49 (67).

Regelungslücke ausgegangen werden. Zudem spricht gegen eine Übertragung der Rechtsprechung des EuGH zu ungeschriebenen Klagerechten des EP auf den AdR, dass das EP eine wesentlich stärkere vertragliche Stellung innehat als der AdR[134].

Eine besondere Frage im Zusammenhang mit einem eigenen Klagerecht des AdR ist es, ob dieser als Vertretung subnationaler Interessen auf Gemeinschaftsebene dazu berufen ist, Verletzungen des (in Art. 3 b EGV-Maastricht, Art. 5 EGV-Amsterdam, eingeführten) Subsidiaritätsprinzips zu rügen, auch wenn seine vertragsmäßigen Kompetenzen nicht direkt verletzt sind. Diese Möglichkeit ist de lege lata zu verneinen, da der AdR nicht als Hüter des Subsidiaritätsprinzips konzipiert ist. Es gibt kein besonderes Subsidiaritätsprüfverfahren[135].

Die Problematik, ob der AdR vor dem EuGH klagebefugt ist, darf nicht mit der Frage verwechselt werden, ob die Regionen als solche nach dem Maastricht-Vertrag klagebefugt sind. Dies wird nur vereinzelt behauptet. Man stützt sich dabei darauf, dass unter den Begriff der „Mitgliedstaaten" auch mitgliedstaatliche Regionen gefasst werden könnten[136]. Überwiegend wird diese Auffassung unter Berufung auf den klaren Wortlaut aber abgelehnt[137]. Ein Klagerecht der Regionen wäre auch systemwidrig, da ihm keine Pflichten, etwa zur termingerechten Umsetzung von Richtlinien, korrespondieren[138].

4.   Eingeschränkte Geschäftsordnungsautonomie

Nach Art. 198 b Abs.2 EGV-Maastricht gibt der AdR sich selbst eine Geschäftsordnung, muss diese aber vom Rat genehmigen lassen. Der Rat beschließt dabei einstimmig. Eine volle Geschäftsordnungsautonomie hat der AdR also nicht durchsetzen können. Der Rat kann nach dieser Regelung zwar die Geschäftsordnung in keiner Weise mitgestalten, er kann jedoch mit einem Nein

---

[134] Grabitz/Hilf-Blanke Art. 198 c Rn.11, Schwarze-Wiedmann Art. 265 Rn.24.
[135] Lenz-Kaufmann-Bühler Art. 265 Rn.3.
[136] Bleckmann DVBl. 1992, 335 (338), ein Klagerecht der Regionen wird auch vom EP vertreten: Feststellung vom 18.11.1993, abgedruckt in EuZW 1994, 68.
[137] Baetge BayVBl. 1992, 711 (714), Grabitz/Hilf-Blanke Art. 198 c Rn.12, Paul S.41 f., Theissen S.270 und 275.
[138] Baetge BayVBl. 1992, 711 (714).

den Erlass der Geschäftsordnung blockieren[139]. Etwas befremdlich wirkt diese Anordnung in Anbetracht der Tatsache, dass der WSA dem Maastricht-Vertrag zufolge volle Geschäftsordnungsautonomie genießt. Teilweise wird die Schlechterstellung des AdR für ein Redaktionsversehen gehalten, teilweise wird eine bewusste Entscheidung angenommen[140]. Das eingeschränkte Selbstorganisationsrecht des AdR mag vielleicht „in der Anlaufphase angezeigt gewesen sein"[141]. Die gegebene Lage hatte zur Folge, dass der AdR dazu überging, nicht seine gesamte Arbeitsweise in der genehmigungspflichtigen Geschäftsordnung niederzulegen. Vielmehr wurde das Prozedere weitgehend durch Anordnungen des Präsidiums sowie durch informale Vorgehensweisen bestimmt. Der Stellungnahme als einzig regulärer Äußerungsform, welche EG-Vertrag und AdR-Geschäftsordnung zur Verfügung stellen, wurde so seit 1996 das Instrument der „Entschließung" zu politischen Fragen zur Seite gestellt[142]. Die Stellungnahme setzte ein oftmals zu „zeitaufwendiges und schwerfälliges Antrags- und Entscheidungsverfahren voraus, regelmäßig die Behandlung in den Fachkommissionen oder Unterausschüssen sowie die abschließende Beratung und Beschlussfassung durch die Plenarversammlung"[143]. Eine Äußerung in Form der Entschließung soll nach den selbst auferlegten Maßgaben des AdR allerdings eine strenge Ausnahme bleiben[144].

5. Entwicklungen des AdR zwischen den Konferenzen von Maastricht und Amsterdam

Die augenfälligste Änderung war die Vergrößerung des AdR von 189 auf 222 Mitglieder durch die sogenannte „Norderweiterung" der EG um Österreich, Schweden und Finnland zum 1.1.1995. Die ursprünglich geplante Vergrößerung auf 231 Mitglieder fand nicht statt, da Norwegen in Folge eines negativen Referendums der EG wider Erwarten nicht beitrat. Entsprechend dem Wachstum der Gemeinschaft vergrößert wurde auch das Präsidium des AdR von 30 auf 36 Mitglieder (die fünf größten Mitgliedstaaten haben jeweils drei Präsidiumssitze inne, die übrigen Mitgliedstaaten jeweils zwei, hinzu kommt der Präsident).

---

[139] Hasselbach S.154.
[140] Hasselbach S.154, Theissen S.221 f.
[141] Lenz-Kaufmann-Bühler Art. 264 Rn.5.
[142] Wiedmann EuR 1999, 49 (56 f.).
[143] Wiedmann EuR 1999, 49 (56).
[144] Wiedmann EuR 1999, 49 (57).

Hinter den Kulissen spielten sich indes weitere Veränderungsprozesse ab. Viele Forderungen der Regionen und ihrer Befürworter hatten im Vertrag von Maastricht keinen Niederschlag gefunden. Der AdR trug Kompromisscharakter, da die unitarischen Mitgliedstaaten sich gegen ein starkes Regionalorgan ausgesprochen hatten. Im Unionsvertrag von Maastricht war in Art. N Abs.2 bereits eine Revision des Vertragswerks durch eine Folgekonferenz im Jahre 1996 („Maastricht II") vorgesehen. Die Dynamik des europäischen Einigungsprozesses hielt also an. Alle politischen Akteure bemühten sich darum, sich für die Folgekonferenz günstig zu positionieren, um ihre Ziele durchzusetzen. Für die Befürworter des AdR hieß dies, sich für eine Erweiterung der Befugnisse des AdR einzusetzen.

Am 20.4.1995 gab die Fachkommission für Institutionelle Fragen eine Stellungnahme zur Reform des AdR ab (sogenannter „Pujol-Bericht")[145]. Darin wurden insbesondere eine Vollorganstellung und ein eigenes Klagerecht gefordert. Am folgenden Tag ermutigte die für die Regionen zuständige Kommissarin Monika Wulf-Mathies in einer Rede vor dem AdR diesen, indem sie sich ebenfalls für seine Stärkung aussprach. Sie konzentrierte sich bei ihren Vorschlägen jedoch darauf, ein Wahlmandat der Ausschussmitglieder verpflichtend zu machen und dem EP ein eigenes Anhörungsrecht gegenüber dem AdR zu geben. Diese beiden Punkte erhob auch das EP zu seinen Forderungen, namentlich in seiner abschließenden Erklärung vom 17.5.1995. Am 2.6.1995 nahm die sogenannte Reflexionsgruppe ihre Arbeit auf, um die Revisionskonferenz vorzubereiten. In ihrem Zwischenbericht vom 24.8.1995 äußerte sie sich nur am Rande zum AdR. Insbesondere wurde ein eigener organisatorischer Unterbau des AdR "erwogen". Auch im Abschlussbericht der Reflexionsgruppe vom 5.12.1995 hatte man sich nicht auf wesentliche Neuerungen für den AdR verständigen können. Am 8.3.1996 gab der AdR eine Stellungnahme dazu ab, in der wiederum weitreichende Veränderungen geltend gemacht wurden („Erklärung von Catania")[146]. Am 29.3.1996 wurde die Regierungskonferenz zur Revision des Vertrages formell eingeleitet. Nachdem die Aussichten für den AdR eher ernüchternd waren, wurden von seinen Befürwortern

---

[145] Wiedmann EuR 1999, 49 (52).
[146] Wiedmann EuR 1999, 49 (52).

die Forderungen teilweise zurückgeschraubt. Im sogenannten „Stoiber-/Gomes-Bericht", der im April 1997 vom bayerischen Ministerpräsidenten und dem Bürgermeister von Porto verlautbart wurde, war die Reihenfolge der Forderungen des AdR verändert[147]. Gefordert wurde in erster Linie eine Ausweitung der obligatorischen Anhörung. Nur nachrangig ging es den Verfassern um die organisatorische Selbständigkeit und die Vollorganstellung.

Die Folgekonferenz zu „Maastricht" führte schließlich am 2.10.1997 zur Unterzeichnung des Vertrages von Amsterdam[148], der am 1.5.1999 in Kraft trat und dessen Auswirkungen auf den AdR im folgenden Abschnitt erörtert werden.

IV. Der AdR nach dem Vertrag von Amsterdam

1. Erweiterte Stellungnahmekompetenzen

a) Neuerungen zugunsten des AdR

Nach der Zählung des Vertrages von Amsterdam ist der AdR nunmehr in den Art. 263 ff. EGV normiert. Eine inhaltliche Änderung findet sich im Bereich des obligatorischen Anhörungsverfahrens: Die obligatorischen Stellungnahmekompetenzen des AdR sind auf zahlreiche neue Sachbereiche ausgeweitet worden. Neben den bereits genannten Materien sind Rat und Kommission nun auch auf folgenden Feldern zur Anhörung des AdR verpflichtet[149]:

* berufliche Bildung (Art. 150 Abs.4 EGV)
* Beschäftigungspolitik (Art. 128 Abs.2 und Art. 129 Abs.1 EGV)
* Sozialvorschriften (Art. 137 Abs.2 und 3 EGV)
* Erweiterte Zuständigkeiten im Bereich des Gesundheitswesens (Art. 152 Abs.4 EGV)

---

[147] Wiedmann EuR 1999, 49 (53).
[148] BGBl. 1998 II S.387 ff. Online im Internet. URL: http://europa.eu.int/eur-lex/de/treaties/dat/ec_cons_treaty_de.pdf (Stand: 5.3.2001, 16 Uhr).
[149] Mietzsch APuZ 25-26/1998, 34 (36) und DStT 1998, 290 (291), Schwarze-Wiedmann Art. 265 Rn.7, Wiedmann EuR 1999, 49 (55 f.).

- Umweltpolitik (Art. 175 Abs.1, 2 und 3 i.V.m. Art. 174 EGV)
- Beteiligung beim Europäischen Sozialfonds (Art. 148 EGV)
- Einzelne Fragen der Verkehrspolitik (Art. 71 Abs.1 EGV)

b)   Bewertung

Die Ausweitung der von der obligatorischen Stellungnahme umfassten Politikfelder darf nicht überbewertet werden. Zu allen genannten Sachbereichen konnte sich der AdR bereits vor der Vertragsänderung von Amsterdam im Rahmen seines Initiativstellungnahmerechts äußern. Mit einem stärkeren politischen Gewicht der Stellungnahmen allein wegen ihres nunmehr obligatorischen Charakters ist nicht zu rechnen. Die Bedeutung der Zuordnung zur obligatorischen Anhörung erschöpft sich somit in der Pflicht von Rat und Kommission zur rechtzeitigen Unterrichtung des AdR und zur Überlassung von Informationen über geplante Vorhaben der Gemeinschaft[150]. Weiterhin nicht mit einer Anhörungspflicht verbunden sind die Bereiche Unionsbürgerschaft, Informationsgesellschaft, Agrarpolitik, freier Warenverkehr, Freizügigkeit, Wettbewerb, Angleichung der Rechtsvorschriften, gemeinsame Handelspolitik, Verbraucherschutz, Industrie, Forschung und technologische Entwicklung sowie Entwicklungszusammenarbeit. Auf diesen Feldern hat der AdR mithin weiter keinen rechtlichen Anspruch darauf, dass er über Vorhaben frühzeitig informiert wird.

c)   Weitere Änderungen im Rahmen der Anhörung

Eine zusätzliche Neuerung des Amsterdamer Vertrages bezieht sich auf den Kreis der Institutionen, die berechtigt sind, den AdR formell zu hören. Gemäß Art. 265 Abs.4 EGV kann nun auch das EP den AdR um Stellungnahmen bitten. Die faktische Auswirkung dieser Vertragsänderung dürfte gering sein. Denn schon zuvor war es EP und AdR nicht verwehrt zusammenzuarbeiten. Der Regionalausschuss leitete in der Praxis seit jeher sämtliche Stellungnahmen dem EP auf informellem Wege zu[151]. Die Dokumente werden auch im Amtsblatt der EG veröffentlicht (Art. 65 Abs.2 Geschäftsordnung) und ins Internet eingestellt[152]. Das EP war somit schon ohne den Vertragszusatz über die Positionen des AdR stets

---

[150] Wiedmann EuR 1999, 49 (57).
[151] Schwarze-Wiedmann Art. 265 Rn.25, Wiedmann EuR 1999, 49 (63).

informiert. Überdies muss das EP den AdR weiterhin in keinem Falle anhören, und der AdR ist nicht zu einer Antwort auf ein Stellungnahmegesuch verpflichtet (das Recht zur Stellungnahme schließt das Recht zur Nichtäußerung ein)[153].

Durch den Vertrag von Amsterdam wurde weiter der fakultativen Stellungnahmekompetenz der Zusatz hinzugefügt, diese gelte „insbesondere in Fällen, welche die grenzüberschreitende Zusammenarbeit betreffen" (Art. 265 Abs.1 EGV). Die Fähigkeit der Regionen und Kommunen, auch mit Gebietskörperschaften jenseits der nationalen Grenzen zu kooperieren, wird wichtiger. Vielfach verlieren überlieferte territoriale Grenzverläufe an Bedeutung, während gleichzeitig die „legitimations- und identitätsstiftende Rolle grenzüberschreitender Lebensbezugsräume" zunimmt[154].

2. Geschäftsordnungsautonomie und neue Geschäftsordnung

Auf die vielfache Forderung, dem AdR die volle Geschäftsordnungsautonomie zu geben, wurde reagiert. Die Geschäftsordnung, deren Erlass schon immer dem AdR selbst zustand, unterliegt nun nicht mehr der Genehmigung durch den Ministerrat (Art. 264 Abs.2 EGV). Der AdR ist damit nicht mehr schlechter gestellt als der WSA, was kaum zu rechtfertigen war und möglicherweise auf einem Redaktionsversehen beruhte[155]. Ob die Neuerung die Handlungsfähigkeit des AdR in der Praxis gestärkt hat, wird in Zweifel gezogen. Der AdR legte in der früheren Zeit seine Geschäftsordnung bei Bedarf großzügig aus und ergänzte seine internen Organisations- und Verfahrensregeln, wenn der Geschäftsgang dies erforderte, im Wege der Anweisung durch das Präsidium (vgl. Art. 22 Abs.3 der Geschäftsordnung von 1994)[156]. Unter dem Gesichtspunkt der Rechtsklarheit war aber immerhin dadurch viel gewonnen, dass der Weg für eine ungehinderte Aufnahme der bisher informalen Strukturen in eine neue Geschäftsordnung frei wurde.

Der AdR beschloss am 18.11.1999 eine neue Geschäftsordnung. Das bisher nicht normierte Vorgehen, dem umständlichen Stellungnahmeverfahren in

---

[152] Online im Internet. URL: http://www.cor.eu.int (Stand: 5.3.2001).
[153] Wiedmann EuR 1999, 49 (63 f.).
[154] Fischer S.41.
[155] Wiedmann EuR 1999, 49 (59).
[156] Wiedmann EuR 1999, 49 (59).

Einzelfällen auszuweichen und sogenannte Entschließungen (Resolutionen) zu verabschieden, ist jetzt in Art. 42 der Geschäftsordnung geregelt. Die neue Geschäftsordnung erkennt in den Art. 7 ff. ausdrücklich nationale Delegationen sowie Fraktionen nach politischer Zugehörigkeit. Die nationalen Delegationen haben einen Vorsitzenden zu wählen und erhalten Unterstützung durch einen besonderen Dienst im Rahmen der Verwaltung des AdR. Die Fraktionen im AdR erhalten jeweils ein eigenes Sekretariat. Ihre Bildung wird im Amtsblatt der EG kundgetan. Jeder Fraktion werden angemessene Mittel zur Verfügung gestellt, die getrennt im Haushaltsplan ausgewiesen werden. Auch den Status der „interregionale Gruppe" kennt die Geschäftsordnung nunmehr (Art. 10), knüpft daran jedoch keine besondere Förderung.

3. Weitere Neuerungen im Rahmen des AdR

Noch ein weiterer Kritikpunkt an der Konzeption des AdR ist mit dem Amsterdamer Vertragswerk entfallen. Durch die Aufhebung des Protokolls Nr. 16 zum EG-Vertrag hat der AdR seine Anbindung an den WSA verloren. Ihm ist damit ein eigener organisatorischer Unterbau gewährt. Viele organisatorische Reibungsverluste sollten damit der Vergangenheit angehören. Zu Zeiten der gemeinsamen Verwaltung mit dem WSA waren „die Vorbereitung und Durchführung von Sitzungen, einschließlich der dazu erforderlichen Dolmetscherdienste, das Management von Personal- und Sachmitteln oft mit enormen Kosten an Zeit und Effizienz verbunden"[157]. Schon deshalb wurde die verwaltungstechnische Loslösung des AdR vom WSA als längst überfällig angesehen. Wichtiger noch dürfte die Änderung als politisches Signal zur Aufwertung des AdR sein: Der AdR erhielt auch äußerlich volle Eigenständigkeit innerhalb des EG-Institutionensystems. Selbstbild und Selbstverständnis des AdR profitieren deutlich von der Trennung vom WSA[158].

Schließlich wurde in Art. 263 Abs.3 S.3 EGV kodifiziert, dass ein Mitglied des EP nicht gleichzeitig Mitglied des AdR sein darf. Die Intention war, dadurch den AdR zu stärken[159]. Nach fast allgemeiner Auffassung handelt es sich hier lediglich um einen deklaratorischen Zusatz. Schon bisher galt aufgrund ungeschriebener

---

[157] Wiedmann EuR 1999, 49 (58 f.).
[158] Wiedmann EuR 1999, 49 (59).

Grundsätze (Gefahr der Interessenkollision) die Inkompatibilität der Mitgliedschaft im AdR und im EP, ebenso darf ein Ausschussmitglied nicht Mitglied irgendeines anderen EG-Organs sein[160]. Von Relevanz kann dies vor allem für regionale Minister sein, die aufgrund Art. 203 EGV-Amsterdam (Art. 146 EGV-Maastricht) an Sitzungen des Rates teilzunehmen berechtigt sind[161].

In der zweiten Mandatsperiode (1998-2002) wurde die Struktur der Fachkommissionen verändert. Die Unterausschüsse wurden abgeschafft. Danach bestehen nunmehr folgende Fachkommissionen[162]:

- Fachkommission 1: Regionalpolitik, Strukturfonds, wirtschaftlicher und sozialer Zusammenhalt, grenzüberschreitende und interregionale Zusammenarbeit
- Fachkommission 2: Landwirtschaft, ländliche Entwicklung, Fischerei
- Fachkommission 3: Transeuropäische Netze, Verkehr, Informationsgesellschaft
- Fachkommission 4: Raumordnung, Städtefragen, Energie, Umwelt
- Fachkommission 5: Sozialpolitik, Gesundheitswesen, Verbraucherschutz, For-schung, Fremdenverkehr
- Fachkommission 6: Beschäftigung, Wirtschaftspolitik, Binnenmarkt, Industrie, KMU
- Fachkommission 7: Bildung, Berufsbildung, Kultur, Jugend, Sport, Bürgerrechte
- Fachkommission Institutionelle Angelegenheiten

---

[159] Wiedmann EuR 1999, 49 (64).
[160] Grabitz/Hilf-Blanke Art. 198 a Rn.30, Lenz-Kaufmann-Bühler Art. 263 Rn.9, Streinz S.61, Tauras S.99, Theissen S.200, Wiedmann EuR 1999, 49 (64), a.A. aber eine nicht veröffentlichte Stellungnahme des juristischen Dienstes des Rates vom 20.5.1995.
[161] Tauras S.99.
[162] Klär GuS 1998, 118 (119), Einzelheiten: Online im Internet. URL: http://www.cor.eu.int/corz_de.htm (Stand: 5.3.2001).

V. Die Zukunft des AdR

1. Die Neuerungen des Vertrages von Nizza

Der auf der Regierungskonferenz vom 7.-9.12.2000 ausgehandelte, am 26.2.2001 von den Außenministern unterzeichnete „Vertrag von Nizza zur Änderung des Vertrags über die Europäische Union, der Verträge zur Gründung der Europäischen Gemeinschaften sowie einiger damit zusammenhängender Rechtsakte" ist noch von keinem Mitgliedstaat ratifiziert, liegt aber seit dem 30.1.2001 in einer endgültigen Fassung nach Überarbeitung in der Gruppe der Rechts- und Sprachsachverständigen vor[163]. Danach wird lediglich Art. 263 EGV neugefasst, die anderen den AdR betreffenden Artikel bleiben unverändert.

Vorgesehen ist nunmehr, dass die Mitglieder des AdR „entweder ein auf Wahlen beruhendes Mandat in einer regionalen oder lokalen Gebietskörperschaft innehaben oder gegenüber einer gewählten Versammlung politisch verantwortlich" sein müssen (Art. 263 Abs.1 EGV). Damit wird einer lange gehegten, insbesondere vom EP verfochtenen Forderung nachgekommen, welche die demokratische Legitimation des AdR stärken soll. Der demokratische Rückhalt kann auch Ansehen und politisches Gewicht des Ausschusses stärken. An der Besetzung wird sich allein dadurch gleichwohl nicht viel ändern, da schon bisher die Mitglieder des AdR zumeist über ein demokratisches Mandat in ihrer Heimatregion verfügen. Zudem sind die Anforderungen an die Legitimation der Ausschussmitglieder insoweit abgemildert, als die bloße politische Verantwortlichkeit gegenüber einer gewählten Versammlung ausreicht. Flankiert wird die Neuregelung jedoch dadurch, dass entgegen der bisher ganz herrschenden Auffassung in der Literatur der Verlust des regionalen bzw. lokalen Mandats, aufgrund dessen man vorgeschlagen wurde, automatisch auch zum Verlust der Mitgliedschaft im AdR führt (Art. 263 Abs.4 S.4 Hs.1 EGV). Für die verbleibende Amtszeit wird ein vom Mitgliedstaat nach dem allgemeinen, innerstaatlich geregelten Verfahren nominierter Nachfolger ernannt (Art. 263 Abs.4 S.4 Hs.2 EGV).

---

[163] Online im Internet. URL: http://ue.eu.int/cigdocs/de/cig-2000-DE.pdf (Stand: 5.3.2001).

Nach dem neuen Absatz 2 des Art. 263 EGV hat der AdR höchstens 350 Mitglieder, ohne dass die den Mitgliedstaaten zugeteilten Mandate (insgesamt 222) erhöht wurden. Mit dieser Regelung wird künftigen Erweiterungen der EU Rechnung getragen, denn die Arbeitsfähigkeit des AdR ist nur bei einer überschaubaren Größe sichergestellt. Zudem werden die Kosten in Grenzen gehalten. Die Methode, die Mitgliederzahlen der Institutionen zahlenmäßig zu begrenzen, wird aber auf Dauer eine umfassendere institutionelle Reform der EU nicht ersetzen können.

Schließlich besteht eine weitere Neuerung darin, dass die Liste der von den Mitgliedstaaten vorgeschlagenen Ausschussmitglieder und Stellvertreter vom Ministerrat *mit qualifizierter Mehrheit* angenommen wird (Art. 263 Abs.4 S.3 EGV). Demgegenüber war zuvor ein einstimmiger Beschluss des Rates erforderlich. Die Abhängigkeit des AdR vom Ministerrat wird somit geringfügig vermindert.

2. Ausblick auf mögliche Entwicklungen

Für das Jahr 2004 ist eine Regierungskonferenz angesetzt, bis zu der ein neuer Vertrag fertiggestellt sein soll. Der sogenannte „Post-Nizza-Prozess" hat schon begonnen[164]. Die Präsidentin des Europäischen Parlaments, Nicole Fontaine, hat in diesem Zusammenhang eine grundlegende Reform, die sich nicht in institutionellen Anpassungen erschöpfen dürfe, gefordert[165]. Es ist zu erwarten, dass der Einfluss des AdR abermals erhöht werden wird.

Die geschichtliche Entwicklung der Europäischen Gemeinschaften zeigt die Tendenz, die Rolle der Regionen auf der EG-Ebene zu stärken. Diese Stärkung ist auch angebracht, da zunehmend Kompetenzen der Regionen von den gesamtstaatlichen Regierungen auf die EG verlagert werden. Der Vertrag von Maastricht brachte mit der Installation des AdR den größten Fortschritt. Die Revisionen von Amsterdam und Maastricht stärkten die Stellung des AdR. Die Maßnahmen zur Stärkung der Einflussmöglichkeiten des AdR können jedoch als vorsichtig bis zaghaft bezeichnet werden. Eine Aufwertung des AdR zu einer

---

[164] „Es ist Zeit für eine klärende Debatte - Der Vertrag von Nizza ist schon jetzt zur Episode geworden" (von Michael Stabenow), in: FAZ vom 26.2.2001, S.9.
[165] „Die Lehre von Nizza: Europa muß von Grund auf neugestaltet werden" (von Nicole Fontaine, Präsidentin des Europäischen Parlaments), in: FAZ vom 21.2.2001, S. 2.

echten „dritten Kammer" der Gesetzgebung ist auf absehbare Zeit nicht zu erwarten[166]: Eine solche Rolle könnten die Regionen nur beanspruchen, wenn sie europaweit untereinander vergleichbar wären. Der Zuschnitt und die Gestaltung der Regionen obliegt jedoch den Mitgliedstaaten. Aufgrund der unterschiedlichen Traditionen und Interessen (Angst vor separatistischen Bewegungen, Machtverlust der Zentralebene) lehnen es die Mitgliedstaaten ab, ihre regionalen Strukturen aneinander anzugleichen. Die Gemeinschaft hat keine Kompetenz, auf eine Angleichung hinzuwirken.[167] Als größter Hemmschuh für einen Ausbau des AdR zu einem Organ mit echten Mitentscheidungsrechten erweist sich damit die Heterogenität der Regionen. Darin sind sich praktisch alle Autoren einig.[168] Um dem Problem der Heterogenität der Regionen aus dem Wege zu gehen, hat die EG auf einen europäischen Regionenbegriff verzichtet und die Definition den Mitgliedstaaten im Wege der Nominierung der Ausschussmitglieder überlassen.

Auf europäischer Ebene besteht nur ein rein funktionaler Regionenbegriff für Zwecke der Strukturförderung, der sich an statistischen Größen orientiert und für den politischen Prozess untauglich ist. Die innerstaatlichen Untergliederungen werden nach dem System NUTS („National Units of Trade Statistics" oder auch „Nomenclature of Territorial Units for Statistics") des europäischen Statistikamtes Eurostat in die Klassen NUTS 1, NUTS 2 und NUTS 3 eingeteilt. Im Beispiel der Bundesrepublik Deutschland fallen die Länder in die Ebene NUTS 1, die Regierungsbezirke in die Ebene NUTS 2 und die Kreise sowie kreisfreien Städte in die Ebene NUTS 3.[169] Die Differenzen der mitgliedstaatlichen Untergliederungen werden damit nicht überwunden.

Solange sich in den Mitgliedstaaten keine nach wirtschaftlichen, politischen und geographischen Kriterien vergleichbaren Regionen herausbilden, wird eine

---

[166] Magiera S. 27.
[167] Grabitz/Hilf-Blanke vor Art. 198 a-c Rn. 6.
[168] Benz VerwArch 1993, 328 (331), Benz/Benz S.260, Blanc S.158 ff., Boden S.27 („bunte Zusammensetzung"), Borchmann EuZW 1994, 449, Clement StWiss 1993, 159 (166), Fischer S.32, Grabitz/Hilf-Blanke vor Art. 198 a-c Rn.21, Hrbek/Weyand S.155 („viel zu heterogen"), Konow S.84 f. („gravierendes Handicap"), Kleffner-Riedel S.206 f. („entscheidende Schwachstelle") und 211, Magiera S.26 f., Pause S.17 f. („Dilemma"), Sauwens S.106 („Schwachpunkt des AdR"), Schink DÖV 1992, 385 (388), Schöbel S.29 („größtes Problem"), Streinz S.77, Strohmeier BayVBl. 1993, 417 (421), Tauras S. 139 und 214 („wohl die schwierigste Aufgabe für den AdR"), Theissen S.289, Wiedmann EuR 1999, 49 (51).
[169] Magiera S.22, Tauras S.27 ff.

wesentliche Stärkung des AdR nicht zu erreichen sein. Ein Mitspracherecht von Repräsentanten solch unterschiedlicher Gebilde wie sie derzeit in Europa existieren, würde zu starken Verzerrungen der demokratischen Legitimation führen. Es ist daher politisch auch nicht wünschenswert.

Da von einer fortdauernden Heterogenität der europäischen Regionen auszugehen ist, muss der AdR sich auf ein bleibendes Dasein als reines Beratungsgremium einrichten. Die Perspektive besteht darin, sich als ernstzunehmende Institution zu etablieren. Dafür ist es wichtig, den AdR politisch hochrangig zu besetzen.[170] Gerade wegen der Vergrößerung der EU ist es wünschenswert, die Distanz der Bürger zu Brüssel durch eine Einbindung der regionalen Ebene in die Entscheidungsprozesse der Gemeinschaft zu relativieren.[171] Nur so kann regionaler Sachverstand eingebracht und Akzeptanz vor Ort geschaffen werden. Die Funktion des AdR reicht zwar bereits heute über den Rang von symbolischer Politik hinaus, sollte aber noch ausgebaut werden.

Die Rechte des AdR sind noch ausbaufähig, ohne das institutionelle Gleichgewicht der EG aus den Angeln zu heben: Mit dem Vertrag von Amsterdam wurde der Schritt von einer in vieler Hinsicht abhängigen (gemeinsamer Verwaltungsunterbau, keine Geschäftsordnungsautonomie) zu einer deutlich selbständigeren Institution gemacht. Im Vertrag von Nizza kam man Forderungen nach einer stärkeren demokratischen Rückbindung der Ausschussmitglieder nach. Nicht verwirklicht sind bisher ein ausdrückliches Klagerecht des AdR vor dem EuGH und der Vollorganstatus (der auch bereits das Klagerecht implizieren würde). Ein eigenes Klagerecht würde auf jeden Fall die Wahrung der verbürgten Rechte des AdR sicherstellen und ist daher zu befürworten.[172] Dem gleichen Zweck wäre es dienlich, wenn Ministerrat und Kommission Rechenschaft darüber schuldeten, in welcher Weise sie eine Stellungnahme berücksichtigt haben.[173] Überlegenswert wäre, ob der AdR künftig der *regionalen* Ebene vorbehalten sein sollte, da die Vertreter der *kommunalen* Ebene dessen Bild noch mehr „verwässern". Solange aber das Problem der unüberwindbaren Heterogenität der

---

[170] Clement StWiss 1993, 159 (162), Theissen S.289.
[171] Fischer S.41.
[172] Fischer S.38, Mietzsch DStT 1998, 290 (295).
[173] Clement StWiss 1993, 159 (162), Kleffner-Riedel S.208.

europäischen Regionen nicht gelöst ist, kann man sich von einem solchen Schritt nicht viel versprechen. Vielmehr würde das neue Problem aufgeworfen, ob auch die Kommunen eine eigene EG-Institution erhalten sollten und wie diese auszugestalten wäre.

VI. Zusammenfassung

Der AdR ist ein durch den Vertrag von Maastricht eingeführtes Nebenorgan der EG zur Repräsentation der regionalen und lokalen Gebietskörperschaften der Mitgliedstaaten. Er ist damit wesentlich mehr als ein Suborgan von EP, Rat oder Kommission. Seine Mitglieder werden von den Mitgliedstaaten nominiert und vom Rat ernannt. Die Einflussmöglichkeiten des AdR bestehen seit jeher lediglich in der Abgabe von Stellungnahmen: Bei Vorhaben in bestimmten Sachbereichen muss der AdR angehört werden. Wesentlich (für Sachverhalte außerhalb dieses Bereichs) ist das Recht, Initiativstellungnahmen abzugeben. Werden Anhörungspflichten gegenüber dem AdR verletzt, so hat dies die Nichtigkeit des ergangenen Rechtsaktes zur Folge. Nicht geklärt ist, ob dem AdR ein eigenes Klagerecht vor dem EuGH bei Missachtung seiner Rechte zusteht.

Keinesfalls ist der AdR *allgemein* zum Hüter der Subsidiarität oder des Prinzips der Bürgernähe berufen.[174] Auch wenn beide Begriffe in der Öffentlichkeit überaus positiv besetzt sind, kann der AdR eine solche Stellung nicht für sich in Anspruch nehmen. Der AdR ist noch nicht einmal eine mustergültige institutionelle Ausprägung des europarechtlichen Subsidiaritätsprinzips. Dieses sichert nämlich nur jeder Ebene ihre Kompetenzen, gewährt aber kein Beteiligungsrecht. Zudem gilt das Subsidiaritätsprinzip lediglich im Verhältnis der Gemeinschaft zu den Mitgliedstaaten.[175] Gegen die Stellung als Exponent der Bürgernähe lässt sich einwenden, dass der AdR in erster Linie ein Beteiligungsgremium im fernen Brüssel ist.

---

[174] In diese Richtung geht aber das Selbstverständnis des AdR, vgl. AdR-Prioritäten S.10: „Der AdR ist vor allem der Hüter der Grundsätze der Subsidiarität und der Bürgernähe." Vgl. auch Grabitz/Hilf-Blanke vor Art. 198a-c Rn.3 („Der AdR gilt als institutionelle Einbettung des Subsidiaritätsprinzips.") und Rn.6 („Subsidiaritätsgewissen der EU").
[175] Magiera S.21, Theissen S.148, Wiedmann EuR 1999, 49 (69 f.).

Die Rechte des AdR sind bei den Überarbeitungen der Verträge von Amsterdam und Nizza jeweils gestärkt worden. Seit dem Amsterdamer Vertrag hat er einen eigenen Verwaltungsunterbau und die Geschäftsordnungsautonomie. Der Vertrag von Nizza sieht vor, dass die Ausschussmitglieder ein demokratisches Mandat innehaben müssen, was eine Stärkung des politischen Stellenwerts des AdR verspricht.

Ebenso wie sein Vorläufer, der „Beirat der regionalen und lokalen Gebietskörperschaften bei der Kommission", leidet er bei seiner Arbeit unter der Heterogenität der vertretenen Regionen. Die Ungleichartigkeit der subnationalen Einheiten der Mitgliedstaaten stellt das Hauptproblem bei der Fortentwicklung des AdR dar. Ein Mitentscheidungsrecht wird dem AdR nicht eingeräumt werden, solange in den Mitgliedstaaten kein vergleichbarer Regionentyp besteht. Die Herausbildung eines solchen Typs ist jedoch nicht absehbar. Der AdR wird deshalb in absehbarer Zeit auf die Rolle eines Beratungsgremiums verwiesen bleiben. Die politische Debatte um eine Stärkung der Regionalebene konzentriert sich indes wieder auf ein Konzept des „Kompetenzföderalismus", nämlich auf die Einführung eines Kompetenzkatalogs, um die Zuständigkeiten im europäischen Mehrebenensystem klarer abzugrenzen. Den deutschen Bundesländern wird nachgesagt, dass sie sich davon „wahre Wunderdinge" versprechen.[176]

---

[176] „Wozu ist die EU eigentlich gut?" (von Klaus-Dieter Frankenberger), in: FAZ vom 26.2.2001, S.9. Beispielhaft für die Forderung nach Einführung eines Kompetenzkatalogs: „Begrenzt Europas Macht - Edmund Stoiber trifft Helmut Schmidt: Ein Gespräch über die Zukunft der EU und deutsche Interessen", in: ZEIT vom 8.2.2001, S.4.

Literaturverzeichnis

- **Ausschuss der Regionen** (Hrsg.): Die politischen Prioritäten des Ausschusses der Regionen - Der Beitrag des Ausschusses der Regionen zur europäischen Integration, Brüssel 1999 (zitiert: AdR-Prioritäten)

- **Baetge**, Dietmar: Grundzüge des Vertrags von Maastricht, in: BayVBl. 1992, 711 ff. (zitiert: Baetge)

- **Benz**, Angelika / **Benz**, Arthur: Der Ausschuß der Regionen der Europäischen Union: Entstehung und Organisation, in: Hesse, Jens Joachim (Hrsg.): Regionen in Europa - Die Institutionalisierung des Regionalausschusses, 1. Aufl. Baden-Baden 1995/96, 229 ff. (zitiert: Benz/Benz)

- **Benz**, Arthur: Regionen als Machtfaktor in Europa, VerwArch 1993, 328 ff. (zitiert: Benz VerwArch 1993)

- **Blanc**, Jacques: Aufgaben und Herausforderungen für den Ausschuß der Regionen, in: Hierl, Hubert: Europa der Regionen - Eine Idee setzt sich durch: Ausschuß der Regionen, Bonn 1995, 157 ff. (zitiert: Blanc)

- **Bleckmann**, Albert: Der Vertrag über die Europäische Union - Eine Einführung, in: DVBl. 1992, 335 ff. (zitiert: Bleckmann)

- **Boden**, Martina: Regionen in Europa - Geschichte, regionale Kooperation und Mitwirkung in der Europäischen Integration, in: Klatt, Hartmut (Hrsg.): Das Europa der Regionen nach Maastricht - Analysen und Perspektiven, München usw. 1995, 25 ff. (zitiert: Boden)

- **Böhm**, Johann: Die Europäische Union - Gefahr oder Chance für den Föderalismus in Deutschland?, in: BayVBl. 1993, 545 ff. (zitiert: Böhm)

- **Borchmann**, Michael: Ausschuß der Regionen - die große Illusion?, in: EuZW 1994, 449 (zitiert: Borchmann EuZW 1994)

- **Borchmann**, Michael: Regierungskonferenz 1996 - das Positionspapier der deutschen Länder, in: EuZW 1995, 570 ff. (zitiert: Borchmann EuZW 1995)

- **Clement**, Wolfgang: Der Regionalausschuß - mehr als ein Alibi?, in: StWiss 1993, 159 ff. (zitiert: Clement)

- **Dästner**, Christian: Zur Aufgabenverteilung zwischen Bundesrat, Landesregierungen und Landesparlamenten in Angelegenheiten der Europäischen Union, in: NWVBl. 1994, 1 ff. (zitiert: Dästner)

- **Dieckmann**, Jochen: Zur Organisation kommunaler Spitzenorganisationen auf europäischer und internationaler Ebene, in: DÖV 2000, 457 ff. (zitiert: Dieckmann)

- **Fischer**, Hans Georg: Der Ausschuß der Regionen nach dem neuen EG-Vertrag, in: NWVBl. 1994, 161 ff. (zitiert: Fischer NWVBl. 1994)

- **Fischer**, Thomas: Die Zukunft der Regionen in Europa - Kompetenzbestände und Handlungsspielräume, in: Borkenhagen, Franz u.a. (Hrsg.): Arbeitsteilung in der Europäischen Union - die Rolle der Regionen, Gütersloh 1999, 31 ff. (zitiert: Fischer)

- **Grabitz**, Eberhard / **Hilf**, Meinhard: Kommentar zur Europäischen Union, Band I: EUV, EGV, Art. 1-66 EWGV, 3. Aufl. München 1996 (zitiert: Grabitz/Hilf-*Bearbeiter*)

- **Gray**, Charles: The influence of the Committee of the Regions. Upon the policy of the European Union - possibilities and limits, in: Färber, Gisela / Forsyth, Murray (Hrsg.): The Regions - Factors of Integration or Disintegration in Europe?, 1. Aufl. Baden-Baden 1996, 271 ff. (zitiert: Gray)

- **Hasselbach**, Kai: Der Ausschuß der Regionen in der Europäischen Union - Die Institutionalisierung der Regionalbeteiligung in der Europäischen Union unter besonderer Berücksichtigung der regionalen und dezentralen Verwaltungsstrukturen in den EU-Mitgliedstaaten, Köln usw. 1996 (zitiert: Hasselbach)

- **Heberlein**, Horst: Der Schutz der kommunalen Selbstverwaltung in der europäischen Integration - eine Replik, in: BayVBl. 1993, 676 ff. (zitiert: Heberlein)

- **Hrbek**, Rudolf / **Weyand**, Sabine: betrifft: Das Europa der Regionen - Fakten, Probleme, Perspektiven, München 1994 (zitiert: Hrbek/Weyand)

- **Klär**, Karl-Heinz: Vier Jahre Ausschuß der Regionen, in: GuS 1998, 118 ff. (zitiert: Klär)

- **Kleffner-Riedel**, Angelika: Regionalausschuß und Subsidiaritätsprinzip - Die Stellung der deutschen Bundesländer nach dem Vertrag über die Europäische Union, Frankfurt/Main 1993 (zitiert: Kleffner-Riedel)

- **Knemeyer**, Franz-Ludwig / **Heberlein**, Horst: Der Ausschuß der Regionen - Ein Ansatz zur Einbindung der Regionen und lokalen Gebietskörperschaften in eine entstehende Europäische Union, in: Knemeyer, Franz-Ludwig: Europa der Regionen - Europa der Kommunen - Wissenschaftliche und politische Bestandsaufnahme und Perspektive, 1. Aufl. Baden-Baden 1994, 89 ff. (zitiert: Knemeyer/Heberlein)

- **Lenz**, Carl Otto (Hrsg.): EG-Vertrag - Kommentar zu dem Vertrag zur Gründung der Europäischen Gemeinschaften, in der durch den Amsterdamer Vertrag geänderten Fassung, 2. Aufl. Köln 1999 (zitiert: Lenz-*Bearbeiter*)

- **Magiera**, Siegfried: Kompetenzverteilung in Europa - Möglichkeiten und Grenzen der Beachtung der dritten Ebene, in: Borkenhagen, Franz u.a. (Hrsg.): Arbeitsteilung in der Europäischen Union - die Rolle der Regionen, Gütersloh 1999, 19 ff. (zitiert: Magiera)

- **Mietzsch**, Oliver: Die erste Amtszeit des Ausschusses der Regionen - eine Bilanz, in: DStT 1998, 290 ff. (zitiert: Mietzsch DStT)

- **Mietzsch**, Oliver: Institutionalisierte Interessenvertretung der Regionen und Kommunen in der EU, in: APuZ, Band 25-26/1998, 34 ff. (zitiert: Mietzsch APuZ)

- **Paul**, Michael: Die Mitwirkung der Bundesländer an der Rechtsetzung der Europäischen Gemeinschaften de lege lata und de lege ferenda, Frankfurt/Main 1996 (zitiert: Paul)

- **Pause**, Dietrich: Der Ausschuß der Regionen - Aufgabe, Struktur, zukünftige Perspektiven, in: Greß, Franz (Hrsg.): Länder und Regionen in Europa - Kooperation für eine gemeinsame Zukunft, Wiesbaden 1997, 16 ff. (zitiert: Pause)

- **Sauwens**, Johan: Die Stellung der Regionen in der Europäischen Union, in: Siedentopf, Heinrich u.a. (Hrsg.): Europäische Regionalpolitik, 1. Aufl. Baden-Baden 1997, 102 ff. (zitiert: Sauwens)

- **Schink**, Alexander: Die europäische Regionalisierung - Erwartungen und deutsche Erfahrungen, in: DÖV 1992, 385 ff. (zitiert: Schink)

- **Schöbel**, Norbert: Der Ausschuß der Regionen - eine erste Bilanz, Tübingen 1995 (zitiert: Schöbel)

- **Schwarze**, Jürgen (Hrsg.): EU-Kommentar, 1. Aufl. Baden-Baden 2000 (zitiert: Schwarze-*Bearbeiter*)

- **Strohmeier**, Rudolf: Die Auswirkungen des Maastrichter Vertrages auf die Regionen, in: BayVBl. 1993, 417 ff. (zitiert: Strohmeier)

- **Tauras**, Olaf: Der Ausschuß der Regionen - Institutionalisierte Mitwirkung der Regionen in der EU, Münster 1997 (zitiert: Tauras)

- **Theissen**, Robert: Der Ausschuß der Regionen (Artikel 198 a-c EG-Vertrag) - Einstieg der Europäischen Union in einen kooperativen Regionalismus?, Berlin 1996 (zitiert: Theissen)

- **Wiedmann**, Thomas: Der Ausschuß der Regionen nach dem Vertrag von Amsterdam, in: EuR 1999, 49 ff. (zitiert: Wiedmann)

- **Wuermeling**, Joachim: Das Ende der "Länderblindheit": Der Ausschuß der Regionen nach dem neuen EG-Vertrag, in: EuR 1993, 196 ff. (zitiert: Wuermeling)

Tabelle: Zeittafel zur EG-Regionalpolitik

Datum	Ereignis	Würdigung
1957/58	**Gründung der EWG** als regionale Zollunion im Sinne des GATT	Hoffnung auf Aufschwung auch ohne Strukturpolitik
Ab Beginn der 60er Jahre	Herausbildung einer Politik der EWG zur Unterstützung strukturschwacher Regionen	"Zweite Phase" der Regionalpolitik eingeleitet
1973	Beitritt Großbritanniens und Irlands	Führt zu deutlich verstärkter Regionalpolitik
März 1975	Errichtung des EFRE (Europäischer Fonds für regionale Entwicklung)	Regionalpolitik formelles Aufgabenfeld der EWG
1976	Beratender Ausschuss der Regionen	Relativ einflusslos
1979	Änderung der EFRE-Grundverordnung und Aufstellung allgemeiner Grundsätze	EWG-Regionalpolitik wird aufgewertet
1981	Erster Bericht über die Lage in den Regionen	Mitgliedstaatliche Verwal-tungseinheiten = Regionen
1984	Zweiter Bericht über die Lage der Regionen	
1984	Gemeinsame Erklärung des Rates, der Kommission und des EP zur Reform des EFRE	"Dritte Phase" der Regionalpolitik
1984	"Prinzip der Partnerschaft" zwischen Gemeinschaft und Regionen	
13.4.1984	EP fordert, die Kommission solle ihre Regional-beziehungen institutionalisieren	Anstoß für die Einsetzung des Beirats im Jahr 1988

1986	Einheitliche Europäische Akte: Zusammenführung der regionalpol. Kompetenznormen (Art. 130a ff.)	Bis 31.12.1992 einheitlicher Binnenmarkt
21.10.1987	Ministerpräsidentenkonferenz (MPK) in München: "Zehn Münchener Thesen zum Föderalismus"	Die Vorreiterrolle der deut-schen Länder wird deutlich.
Dezember 1987	Beirat der regionalen und lokalen Gebietskörper-schaften bei der Kommission (Beirat) vereinbart	
1988	Reform der Strukturfonds	
Mai 1988	Kommissionspräsident formuliert "Dreistufigkeit" der Gemeinschaft	
24.6.1988	Kommission beschließt Einsetzung des Beirats	
1.8.1988	**Beirat wird errichtet**	"Vorläufer" des AdR (am 15.3.1994 aufgelöst)
18.11.1988	**"Entschließung zur Regionalpolitik und zur Rolle der Regionen" durch das EP**	Die Debatte um den AdR wird angestoßen.
20.12.1988	Konstituierende Sitzung des Beirats in Brüssel	
18.10.1989	Konferenz "Europa der Regionen" in München	Forderung: Regionalorgan
25.10.1989	MPK setzt Arbeitsgruppe zum Thema "Europa der Regionen (EdR)" ein	
16.2.1990	Beschluss des Bundesrates: Forderung nach Regionalbeteiligung auf der EG-Ebene	Die Entschließung des EP wird aufgegriffen.
22.5.1990	MPK-Arbeitsgruppe EdR legt Bericht vor	Forderung: Regionalorgan und Klagerecht

7.6.1990	MPK übernimmt Vorschläge der Arbeitsgruppe	
13.6.1990	Der Bundesrat fordert "angemessene Mitwirkung" der Länder auf EG-Ebene.	
11.7.1990	EP fordert in einer Entschließung Regionalorgan	
24.8.1990	Der Bundesrat übernimmt die Position der MPK.	
8.10.1990	Gespräche zwischen Bundeskanzleramt und Länderchefs: Einigung auf EG-Regionalorgan	Beginn einer Kooperation von BReg. und Ländern
18.10.1990	Vorschlag der deutschen Delegation in der Gruppe der Persönlichen Beauftragten	Erstes Ergebnis der Kooperation
21.10.1990	Kommission gibt positive Stellungnahme zur Errichtung eines Regionalorgans ab	
22.10.1990	Vorschlag der Bundesregierung im Rat der Außenminister	Weitgehend Zustimmung, Alternativmodelle folgen
25.10.1990	Beirat befürwortet eigene Stärkung	
27.10.1990	Vorsitz des Ministerrats befürwortet stärkere Berücksichtigung regionaler Interessen	
16.11.1990	Bericht des Ratsvorsitzes: "repräsentative Körperschaft der Regionen"	
22.11.1990	EP schlägt den AdR (Art. 198a ff.) vor	Neuerung: demokratisches Mandat wird gefordert
5.12.1990	Hauptversammlung der Versammlung der Regionen Europas (VRE) in Straßburg	Übernahme der Beschlüsse der MPK-Arbeitsgruppe

14.12.1990	Tagung des Europäischen Rates in Rom: zurück-haltende Aussage zur Stärkung der Regionen	
20.12.1990	MPK gründet "Europakommission der Länder"	
Anfang 1991	Vermehrt Stellungnahmen verschiedener Mitgliedstaaten	
4.3.1991	NRW legt Formulierungsvorschlag für EGV vor	Keine Kommunalbeteiligung
20.3.1991	Bundesregierung bringt Vorschlag in Regierungskonferenz ein	Noch immer Klagerecht des AdR vorgesehen
12.4.1991	Formulierungsvorschlag der luxemburgischen Ratspräsidentschaft	Kein eigenes Regionalorgan, kein Klagerecht
30.4.1991	Wirtschafts- und Sozialausschuss (WSA) will Regionalbeteiligung im Rahmen des WSA	
7.5.1991	Konferenz "Europa der Regionen" in Linz	Regionalorgan wird gefordert
17.5.1991	Treffen der Ministerpräsidenten mit dem Kanzler, zeitgleich Sitzung der VRE	Übereinstimmend wird ein Regionalorgan gefordert
21.5.1991	Revidierter Vertragsentwurf der luxemburgischen Ratspräsidentschaft	Regionalorgan jetzt enthalten, kein Klagerecht
11.6.1991	Gegenentwurf der Kommission	AdR bei der Kommission
13.6.1991	Beirat schließt sich Position der Kommission an	
18.6.1991	Letzter Gesamtentwurf der luxemburgischen Ratspräsidentschaft	

22.10.1991	Positionspapier der Europakommission für die MPK mit Katalog von Änderungswünschen	Keine Kommunen, keine Anbindung an WSA, Klage
8.11.1991	Entwurf der niederländischen Ratspräsidentschaft	
9.12.1991	Regierungskonferenz in Maastricht	
4.2.1992	Generalversammlung der VRE in Mannheim	Unzufriedenheit mit der Ausgestaltung des AdR
7.2.1992	Unterzeichnung des Vertrages über die EU in Maastricht: AdR geregelt in Art. 198 a ff. EGV	Schon Revision vorgesehen ("Maastricht II")
1.6.1992	Gemeinsamer Brief der Präsidenten von DIHT und ZDH, Stihl und Späth, wegen AdR-Mitgliedschaft	
22.1.1993	Hauptversammlung der VRE in Bonn	Verabschiedung eines Entwurfs der AdR-GeschO
12.3.1993	Länderbeteiligungsgesetz (EUZBLG)	Regelt Entsendung der Mitglieder in den AdR
27.5.1993	Ländervereinbarung über Entsendungen in AdR	
29.10.1993	Bund-Länder-Vereinbarung über Entsendungen	Regelt Einzelheiten
1.11.1993	**Maastricht-Vertrag tritt in Kraft**	AdR hat 189 Mitglieder
26.1.1994	Förmliche Ernennung der AdR-Mitglieder	
9.3.1994	Konstituierende Sitzung des AdR	
17.5.1994	AdR gibt sich eine Geschäftsordnung (vom Ministerrat genehmigt am 25.5.1994)	

Juni 1994	Europäischer Rat setzt in Korfu sog. "Reflexionsgruppe" zur Reformvorbereitung ein	
29.8.1994	Beitrittsverträge mit Österreich, Norwegen, Schweden, Finnland ("Norderweiterung")	AdR soll auf 231 Mitglieder wachsen
29.11.1994	Referendum zum Beitritt in Norwegen scheitert	AdR wird nur auf 222 Mitglieder wachsen
2.12.1994	Stellungnahme der VRE und am gleichen Tag des Rates der Regionen Europas (RGRE)	Stärkung des AdR gefordert
21.12.1994	EP fordert direkte demokratische Legitimierung der AdR-Mitglieder	
1.1.1995	**Beitritt Österreichs, Schwedens und Finnlands**	AdR hat 222 Mitglieder
6.1.1995	Mitglieder des AdR fordern Klagerecht des AdR	
31.3.1995	Bundesrat artikuliert Länderforderungen für Reform des AdR	Forderungen: Klagerecht, mehr obligat. Anhörungen
20.4.1995	Stellungnahme der Fachkommission für Institutionelle Fragen des AdR ("Pujol-Bericht")	Forderungen: Klagerecht, Vollorganstellung usw.
21.4.1995	Rede der Kommissarin Monika Wulf-Mathies vor dem AdR	Forderungen: Wahlmandat, Anhörungsrecht des EP
5.5.1995	EP fordert noch deutlicher Wahlmandat für AdR-Mitglieder	
17.5.1995	Abschließende Erklärung des EP zu Maastricht	Forderungen: Wahlmandat und Anhörungsrecht des EP

24.5.1995	Erweiterte Stellungnahme der Europaminister der Länder zur Regierungskonferenz in Würzburg	Forderungen: Klagerecht, mehr obligat. Anhörungen
2.6.1995	Reflexionsgruppe nimmt in Messina die Arbeit auf und hält im Juni / Juli fünf Sitzungen ab	
24.8.1995	Zwischenbericht der Reflexionsgruppe	Eigener organisatorischer Unterbau des AdR erwogen
4.9.1995	Reflexionsgruppe tritt wieder zusammen	
22.9.1995	Europäischer Rat berät Zwischenbericht der Reflexionsgruppe in Formentor/Spanien	
19.10.1995	VRE verabschiedet in Antwerpen Vorschläge zur Vertragsrevision	AdR soll "dritte Kammer" der Gesetzgebung werden
5.12.1995	Abschließender Bericht der Reflexionsgruppe	Divergierende Auffassun-gen zum AdR
8.3.1996	Stellungnahme des AdR zum Bericht der Reflexionsgruppe ("Erklärung von Catania"')	Forderungen: Klagerecht, Lösung vom WSA, Organ
29.3.1996	Formelle Einleitung der Regierungskonferenz zur Revision des Vertrages in Turin	
30.5.1996	Erste Fassung einer Stellungnahme des Vizepräsidenten des AdR, Jacques Blanc	mehr obligatorische Anhörungen, Recht des EP
17.6.1996	Bericht des Vorsitzes der Konferenz der Vertreter der Regierungen der Mitgliedstaaten	Eigenständiger Verwaltungsunterbau
21.6.1996	Schlussfolgerungen des Vorsitzes des Europäischen Rates in Florenz	Bloßer Verweis auf den Bericht vom 17.6.1996

7.8.1996	Endfassung der Stellungnahme Blancs	Stärkere Betonung: Kommunen
Oktober 1996	Gemeinsame Konferenz von AdR und EP	
4.12.1996	Gipfel der Regionen in Basel	
10.4.1997	Stellungnahme des AdR (sogenannter "Stoiber-Gomes-Bericht")	Ausweitung der obligatorischen Anhörung
15.5.1997	Schlusserklärung der Vertreter der europäischen Städte und Regionen in Amsterdam	
2.10.1997	Unterzeichnung des Vertrages von Amsterdam: AdR jetzt in Art. 263 ff. EG geregelt	AdR erhält (nur gering) erweiterte Befugnisse
1.5.1999	**Amsterdam-Vertrag tritt in Kraft**	
3.6.1999	Gipfeltreffen in Köln: Beschluss zur Einberufung einer Regierungskonferenz zur Vertragsrevision	Erster Schritt zum Vertragsentwurf von Nizza
18.11.1999	AdR beschließt eine neue Geschäftsordnung	
7.12.2000	Vertrag von Nizza wird unterzeichnet	
30.1.2001	Durch die Rechts- und Sprachsachverständigen überarbeitete Fassung des Vertrages von Nizza	
2004	Nächste Regierungskonferenz zur "Definition einer neuen Aufgabenverteilung" geplant	

Abkürzungsverzeichnis

ABl.	Amtsblatt
Abs.	Absatz
AdR	Ausschuss der Regionen
APuZ	Aus Politik und Zeitgeschichte (Zeitschrift)
Art.	Artikel
Aufl.	Auflage
BayVBl.	Bayerische Verwaltungsblätter
BGBl.	Bundesgesetzblatt
DÖV	Die öffentliche Verwaltung (Zeitschrift)
DStT	Deutscher Städtetag (Zeitschrift)
DVBl.	Deutsche Verwaltungsblätter
EAG	Europäische Atomgemeinschaft
ECU	European Currency Unit
EFRE	Europäischer Fonds für regionale Entwicklung
EG	Europäische Gemeinschaft
EGKS	Europäische Gemeinschaft für Kohle und Stahl
EGV	Vertrag zur Gründung der Europäischen Gemeinschaft
EP	Europäisches Parlament
EU	Europäische Union
EuGH	Europäischer Gerichtshof
EuR	Europarecht (Zeitschrift)
EUV	Vertrag über die Europäische Union
EUZBLG	Gesetz über die Zusammenarbeit von Bund und Ländern in Angelegenheiten der Europäischen Union
EuZW	Europäische Zeitschrift für Wirtschaftsrecht
EWGV	Vertrag zur Gründung der Europäischen Wirtschaftsgemeinschaft
FAZ	Frankfurter Allgemeine Zeitung
GG	Grundgesetz
GuS	Gemeinde und Stadt (Zeitschrift)
Hrsg.	Herausgeber
IULA	International Union of Local Authorities

Mio.	Millionen
MPK	Ministerpräsidentenkonferenz
Nr.	Nummer
NWVBl.	Nordrhein-westfälische Verwaltungsblätter
NUTS	National Units of Trade Statistics / Nomenclature of Territorial Units for Statistics
RGRE	Rat der Gemeinden und Regionen Europas
S.	Seite / Satz
StWiss	Staatswissenschaften und Staatspraxis (Zeitschrift)
u.a.	und andere
usw.	und so weiter
VerwArch	Verwaltungsarchiv
VO	Verordnung
VRE	Versammlung der Regionen Europas
WSA	Wirtschafts- und Sozialausschuss der Europäischen Gemeinschaften